#2주+2주
#쉽게
#빠르게
#재미있게

한자 전략
완성

한자 전략
시리즈 구성 [1단계~6단계]

8급
1단계 Ⓐ, Ⓑ

7급Ⅱ
2단계 Ⓐ, Ⓑ

7급
3단계 Ⓐ, Ⓑ

6급Ⅱ
4단계 Ⓐ, Ⓑ

6급
5단계 Ⓐ, Ⓑ

5급Ⅱ
6단계 Ⓐ, Ⓑ

심화 학습

심화 한자로 익히는
교과 학습 한자어

급수별 배정 한자 수록
한자 쓰기장

실제 시험 대비
모의 평가

쉽게, 빠르게, 재미있게!

부모님과 함께하는 한자 전략

한자의 모양·음(소리)·뜻을 빠짐없이 완벽 습득

- 한 번에 한자를 떠올릴 수 있게 도와줄 그림과 빈칸 채우기 활동으로 한자를 기억할 수 있도록 지도해 주세요.

- 다양한 문제를 풀며 반복 학습을 할 수 있게 해 주세요.

뜻부터 활용까지 알찬 한자어 학습

- 한자어와 관련된 그림을 보며 한자어의 의미를 떠올리도록 지도해 주세요.

- 한자어가 활용된 문장을 함께 읽으며 생활 속 어휘 실력을 키워 주세요.

기출 유형부터 창의력 UP 신유형 문제까지!

- 다양한 급수 시험 유형 문제를 통해 효율적으로 시험을 대비할 수 있도록 지도해 주세요.

- 만화, 창의·융합·코딩, 신유형·신경향·서술형 문제를 풀며 재미있게 공부하도록 이끌어 주세요.

Chunjae
Makes
Chunjae

▼

[한자 전략]

편집개발   정병수, 최은혜
디자인총괄   김희정
표지디자인   윤순미, 김주은
내지디자인   박희춘, 유보경
삽화   양종은, 신은영, 정윤슬, 권도언, 장현아
제작   황성진, 조규영

발행일   2023년 3월 1일 초판   2023년 3월 1일 1쇄
발행인   (주)천재교육
주소   서울시 금천구 가산로9길 54
신고번호   제2001-000018호
고객센터   1577-0902

한자
전략

6단계 B 5급 II ②

전편

이 책의 **구성과 특징** ── 2주 + 2주 완성 ──

주 도입 **만화**

재미있는 만화를 보면서 한 주에 학습할 한자를
미리 만나 볼 수 있습니다.

급수 한자 **돌파 전략 ❶, ❷**

급수 한자 돌파 전략 ❶에서는 주제별로 뽑은
급수 한자의 모양·음(소리)·뜻을 학습합니다.

급수 한자 돌파 전략 ❷에서는 문제를 풀며
학습 내용을 확인합니다.

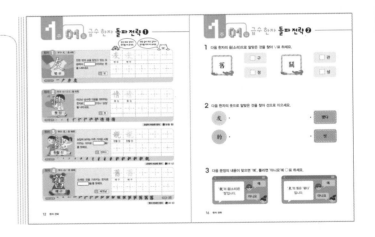

급수 한자어 **대표 전략 ❶, ❷**

급수 한자어 대표 전략 ❶에서는 1, 2일차에서
학습한 한자가 포함된 대표 한자어를 학습합니다.

급수 한자어 대표 전략 ❷에서는 문제를 풀며
한자어의 뜻과 활용을 복습합니다.

급수 시험 체크 전략 ❶, ❷

급수 시험 체크 전략 ❶은 시험에 꼭 나오는
유형을 모아 학습합니다.

급수 시험 체크 전략 ❷에서는 실전 문제를
풀어 보며 시험을 대비합니다.

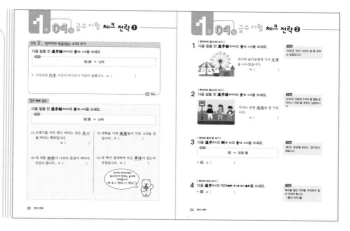

주 마무리

누구나 만점 전략

누구나 풀 수 있는 쉬운 문제를 풀며 학습 자신감을
높일 수 있습니다.

창의·융합·코딩 전략 ❶, ❷

융·복합적 사고력을 길러 주는 재미있는 문제를
만날 수 있습니다.

권 마무리

전·후편 마무리 전략

만화를 보며 학습을 재미있게 마무리할 수 있게
하였습니다.

신유형·신경향·서술형 전략

문제 해결력을 기를 수 있는 새로운
문제들을 단계별로 제시하였습니다.

적중 예상 전략 1~2회

총 2회로 실제 급수 시험을 준비할 수 있도록
구성하였습니다.

교과 학습 한자어 전략

교과 학습 시 자주 만나는 한자어와 5급 심화
한자를 함께 학습할 수 있도록 구성하였습니다.

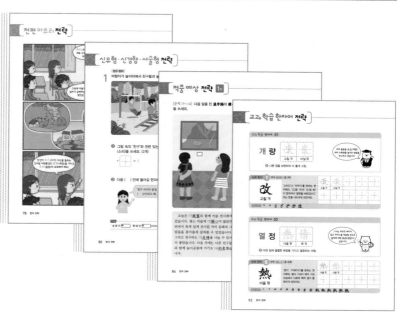

이 책의 **차례**

5급 Ⅱ 배정 한자 총 400자

ㄱ

價	家	歌	各	角	間	感	強	江	開
값 가	집 가	노래 가	각각 각	뿔 각	사이 간	느낄 감	강할 강	강 강	열 개
客	車	格	見	決	結	敬	京	計	界
손 객	수레 거|수레 차	격식 격	볼 견|뵈올 현	결단할 결	맺을 결	공경 경	서울 경	셀 계	지경 계
告	高	苦	古	功	公	空	工	共	課
고할 고	높을 고	쓸 고	예 고	공 공	공평할 공	빌 공	장인 공	한가지 공	공부할/과정 과
科	過	果	觀	關	廣	光	交	教	校
과목 과	지날 과	실과 과	볼 관	관계할 관	넓을 광	빛 광	사귈 교	가르칠 교	학교 교
具	球	區	九	舊	口	局	國	郡	軍
갖출 구	공 구	구분할/지경 구	아홉 구	예 구	입 구	판 국	나라 국	고을 군	군사 군
根	近	今	金	急	級	基	己	旗	記
뿌리 근	가까울 근	이제 금	쇠 금|성 김	급할 급	등급 급	터 기	몸 기	기 기	기록할 기

ㄴ **ㄷ**

氣	男	南	內	女	年	念	農	能	多
기운 기	사내 남	남녘 남	안 내	여자 녀	해 년	생각 념	농사 농	능할 능	많을 다
團	短	答	當	堂	代	對	待	大	德
둥글 단	짧을 단	대답 답	마땅 당	집 당	대신할 대	대할 대	기다릴 대	큰 대	큰 덕
圖	道	度	到	讀	獨	冬	洞	東	童
그림 도	길 도	법도 도|헤아릴 탁	이를 도	읽을 독|구절 두	홀로 독	겨울 동	골 동|밝을 통	동녘 동	아이 동

ㄹ

動	同	頭	等	登	樂	朗	來	良	旅
움직일 동	한가지 동	머리 두	무리 등	오를 등	즐길 락|노래 악|좋아할 요	밝을 랑	올 래	어질 량	나그네 려

歷	力	練	例	禮	路	老	勞	綠	類
지날 력	힘 력	익힐 련	법식 례	예도 례	길 로	늙을 로	일할 로	푸를 록	무리 류
流	陸	六	理	里	李	利	林	立	萬
흐를 류	뭍 륙	여섯 륙	다스릴 리	마을 리	오얏/성 리	이할 리	수풀 림	설 립	일만 만
望	每	面	命	明	名	母	目	木	文
바랄 망	매양 매	낯 면	목숨 명	밝을 명	이름 명	어머니 모	눈 목	나무 목	글월 문
聞	門	問	物	米	美	民	朴	班	反
들을 문	문 문	물을 문	물건 물	쌀 미	아름다울 미	백성 민	성 박	나눌 반	돌이킬/돌아올 반
半	發	放	方	百	白	番	法	變	別
반 반	필 발	놓을 방	모 방	일백 백	흰 백	차례 번	법 법	변할 변	다를/나눌 별
兵	病	福	服	本	奉	部	夫	父	北
병사 병	병 병	복 복	옷 복	근본 본	받들 봉	떼 부	지아비 부	아버지 부	북녘 북/달아날 배
分	不	四	社	史	士	仕	事	死	使
나눌 분	아닐 불	넉 사	모일 사	사기 사	선비 사	섬길 사	일 사	죽을 사	하여금/부릴 사
産	算	山	三	商	相	上	色	生	書
낳을 산	셈 산	메 산	석 삼	장사 상	서로 상	윗 상	빛 색	날 생	글 서
西	石	席	夕	鮮	先	仙	線	雪	說
서녘 서	돌 석	자리 석	저녁 석	고울 선	먼저 선	신선 선	줄 선	눈 설	말씀 설│달랠 세
省	姓	性	成	洗	歲	世	所	消	小
살필 성│덜 생	성 성	성품 성	이룰 성	씻을 세	해 세	인간 세	바 소	사라질 소	작을 소

5급 II 배정 한자 총 400자

은 6단계 B 전편 학습 한자, 은 후편 학습 한자입니다.

少	束	速	孫	首	樹	手	數	水	宿
적을 소	묶을 속	빠를 속	손자 손	머리 수	나무 수	손 수	셈 수	물 수	잘 숙|별자리 수
順	術	習	勝	時	始	市	食	式	植
순할 순	재주 술	익힐 습	이길 승	때 시	비로소 시	저자 시	밥/먹을 식	법 식	심을 식
識	臣	神	身	信	新	實	失	室	心
알 식	신하 신	귀신 신	몸 신	믿을 신	새 신	열매 실	잃을 실	집 실	마음 심
十	兒	惡	安	愛	夜	野	約	藥	弱
열 십	아이 아	악할 악|미워할 오	편안 안	사랑 애	밤 야	들 야	맺을 약	약 약	약할 약
養	陽	洋	語	言	業	然	永	英	午
기를 양	볕 양	큰바다 양	말씀 어	말씀 언	업 업	그럴 연	길 영	꽃부리 영	낮 오
五	溫	王	外	要	勇	用	友	雨	右
다섯 오	따뜻할 온	임금 왕	바깥 외	요긴할 요	날랠 용	쓸 용	벗 우	비 우	오를/오른(쪽) 우
雲	運	園	遠	元	月	偉	油	由	有
구름 운	옮길 운	동산 원	멀 원	으뜸 원	달 월	클 위	기름 유	말미암을 유	있을 유
育	銀	飮	音	邑	意	衣	醫	二	以
기를 육	은 은	마실 음	소리 음	고을 읍	뜻 의	옷 의	의원 의	두 이	써 이
人	任	一	日	入	字	者	自	子	昨
사람 인	맡길 임	한 일	날 일	들 입	글자 자	사람 자	스스로 자	아들 자	어제 작
作	章	長	場	在	材	財	才	的	電
지을 작	글 장	긴 장	마당 장	있을 재	재목 재	재물 재	재주 재	과녁 적	번개 전

典	戰	前	全	傳	展	切	節	店	情
법 전	싸움 전	앞 전	온전 전	전할 전	펼 전	끊을 절|온통 체	마디 절	가게 점	뜻 정
庭	正	定	弟	題	第	調	朝	祖	族
뜰 정	바를 정	정할 정	아우 제	제목 제	차례 제	고를 조	아침 조	할아버지 조	겨레 족
足	卒	種	左	州	週	晝	注	主	住
발 족	마칠 졸	씨 종	왼 좌	고을 주	주일 주	낮 주	부을 주	임금/주인 주	살 주
中	重	知	地	紙	直	質	集	着	參
가운데 중	무거울 중	알 지	땅 지	종이 지	곧을 직	바탕 질	모을 집	붙을 착	참여할 참
窓	責	川	千	天	淸	靑	體	草	寸
창 창	꾸짖을 책	내 천	일천 천	하늘 천	맑을 청	푸를 청	몸 체	풀 초	마디 촌
村	秋	春	出	充	親	七	太	宅	土
마을 촌	가을 추	봄 춘	날 출	채울 충	친할 친	일곱 칠	클 태	집 택	흙 토
通	特	八	便	平	表	品	風	必	筆
통할 통	특별할 특	여덟 팔	편할 편|똥오줌 변	평평할 평	겉 표	물건 품	바람 풍	반드시 필	붓 필
下	夏	學	韓	漢	合	海	害	行	幸
아래 하	여름 하	배울 학	한국/나라 한	한수/한나라 한	합할 합	바다 해	해할 해	다닐 행|항렬 항	다행 행
向	現	形	兄	號	畫	花	化	話	火
향할 향	나타날 현	모양 형	형 형	이름 호	그림 화|그을 획	꽃 화	될 화	말씀 화	불 화
和	活	黃	會	效	孝	後	訓	休	凶
화할 화	살 활	누를 황	모일 회	본받을 효	효도 효	뒤 후	가르칠 훈	쉴 휴	흉할 흉

친구 한자

❶ 友 벗 우 　❷ 情 뜻 정 　❸ 親 친할 친 　❹ 舊 예 구 　❺ 相 서로 상 　❻ 關 관계할 관

❼ 約 맺을 약 　❽ 束 묶을 속 　❾ 德 큰 덕 　❿ 敬 공경 경 　⓫ 交 사귈 교 　⓬ 良 어질 량

⓭ 鮮 고울 선 　⓮ 信 믿을 신 　⓯ 通 통할 통 　⓰ 效 본받을 효

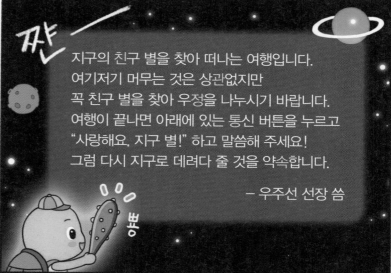

점선 위로 겹쳐서 한자를 써 보세요.

연한 글씨 위로 겹쳐서 한자를 따라 써 보세요.

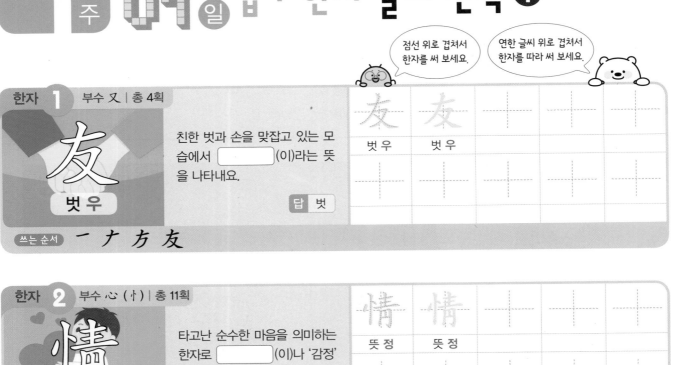

한자 1 부수 又 | 총 4획

友
벗 우

친한 벗과 손을 맞잡고 있는 모습에서 ☐(이)라는 뜻을 나타내요.

답 벗

友 友
벗 우　벗 우

쓰는 순서　一 ナ 方 友

한자 2 부수 心 (忄) | 총 11획

情
뜻 정

타고난 순수한 마음을 의미하는 한자로 ☐(이)나 '감정'을 나타내요.

답 뜻

情 情
뜻 정　뜻 정

쓰는 순서　丶 丶 忄 忄 忄 忄 忄 情 情 情 情

모양이 비슷한 한자　淸(맑을 청)

한자 3 부수 見 | 총 16획

親
친할 친

눈앞에 보이는 아주 가까운 사람이라는 의미로 ☐을/를 뜻해요.

답 친하다

親 親
친할 친　친할 친

쓰는 순서　丶 丶 亠 立 立 辛 辛 亲 亲 亲 新 新 親 親 親 親

모양이 비슷한 한자　新(새 신)

한자 4 부수 臼 | 총 18획

舊
예 구

오래된 것을 가리키는 한자로 ☐을/를 뜻해요.

답 예(옛날)

舊 舊
예 구　예 구

쓰는 순서　一 十 土 艹 芢 芢 芢 茬 萑 萑 舊 舊 舊 舊 舊 舊 舊

약자　旧

뜻이 반대인 한자　新(새 신)

1 친구들이 한자 카드를 보고 말하는 뜻과 음(소리)으로 알맞은 한자를 찾아 ○표 하세요.

2 다음 문장에서 밑줄 친 말에 해당하는 한자를 찾아 ∨표 하세요.

● 우리나라는 예부터 노인을 <u>공경</u>하였습니다.　　□ 親　　□ 舊

점선 위로 겹쳐서 한자를 써 보세요.

연한 글씨 위로 겹쳐서 한자를 따라 써 보세요.

한자 **5** 부수 目 | 총 9획

相
서로 상

보고 있는 상대 또는 상대의 모습을 의미하는 데서 [ ]을/를 뜻해요.

답 서로

相	相		
서로 상	서로 상		

쓰는 순서 一 十 才 木 才 机 机 相 相 相

한자 **6** 부수 門 | 총 19획

關
관계할 관

잠겨 있는 문의 모습으로 둘 이상의 친밀한 관계가 단단히 묶여 있다는 데서 [ ]을/를 뜻해요.

답 관계하다

關	關		
관계할 관	관계할 관		

쓰는 순서 丨 冂 冂 冃 冃 門 門 門 門 門 門 閂 閂 閂 閂 閣 關 關 關 약자 関

한자 **7** 부수 糸 | 총 9획

約
맺을 약

실타래를 묶어 놓은 모습으로 사람 간의 약속도 실타래처럼 단단히 지켜져야 한다는 데서 [ ]을/를 뜻해요.

답 맺다

約	約		
맺을 약	맺을 약		

쓰는 순서 ㄥ ㄠ 幺 糸 糸 糸 約 約 約

한자 **8** 부수 木 | 총 7획

束
묶을 속

나뭇단을 묶어 놓은 모습에서 [ ] 또는 '동여매다'를 뜻하게 되었어요.

답 묶다

束	束		
묶을 속	묶을 속		

쓰는 순서 一 ㄱ 币 冃 束 束 束

---

3 다음 음(소리)을 가진 한자를 찾아 미로를 여행하며 선으로 이으세요.

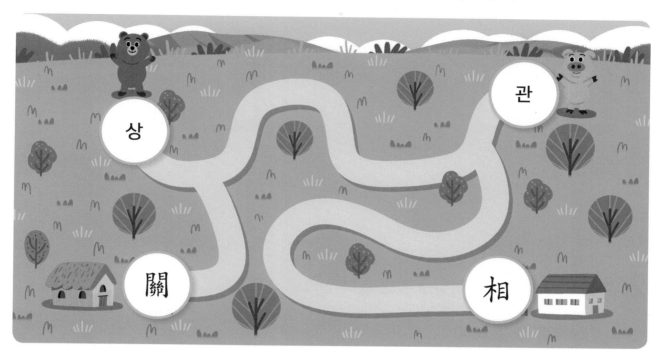

4 다음 대화에서 ㉠, ㉡에 해당하는 한자를 보기 에서 찾아 그 번호를 쓰세요.

보기

① 相   ② 關   ③ 約   ④ 束

우리가 ㉠맺은 우정은 영원할 거야!

물론이지! 언제까지나 풀리지 않도록 꽁꽁 ㉡묶어 둘 거야!

(1) ㉠ ➡ (   )   (2) ㉡ ➡ (   )

1 다음 한자의 음(소리)으로 알맞은 것을 찾아 ∨표 하세요.

舊

□ 구

□ 정

關

□ 관

□ 상

2 다음 한자의 뜻으로 알맞은 것을 찾아 선으로 이으세요.

友 ·

約 ·

· 맺다

· 벗

3 다음 문장의 내용이 맞으면 '예', 틀리면 '아니요'에 ○표 하세요.

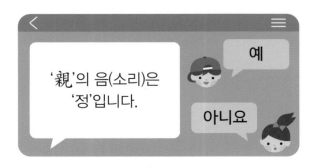

'親'의 음(소리)은 '정'입니다.

예

아니요

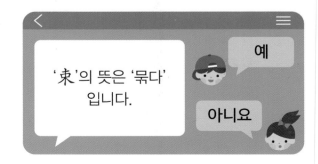

'束'의 뜻은 '묶다' 입니다.

예

아니요

4 다음 한자의 뜻이나 음(소리)을 찾아 선으로 잇고, (   ) 안을 채우세요.

約   舊   情   關

(   )관   뜻(   )   (   )약   예(   )

5 다음 밑줄 친 말에 해당하는 한자를 찾아 ○표 하세요.

우리는 사이좋은 <u>친한</u> 친구들입니다.

關   親

6 다음 뜻과 음(소리)에 해당하는 한자를 보기 에서 찾아 그 번호를 쓰세요.

보기

① 相   ② 約   ③ 舊   ④ 束

(1) 묶을 속 ➡ (   )

(2) 서로 상 ➡ (   )

점선 위로 겹쳐서 한자를 써 보세요.

연한 글씨 위로 겹쳐서 한자를 따라 써 보세요.

한자 1 부수 彳 | 총 15획

德
큰 덕

곧은 마음가짐을 가지고 사는 사람이라는 데서 [   ](이)나 '덕'을 뜻해요.

답 크다

德 큰 덕   德 큰 덕

쓰는 순서 ` ノ ノ 彳 彳 彳 彳 徏 徏 徔 徳 徳 徳 德 德

약자 徳

한자 2 부수 攵(攴) | 총 13획

敬
공경 경

공손히 받들어 모심을 나타낸 한자로 [   ]을/를 뜻해요.

답 공경

敬 공경 경   敬 공경 경

쓰는 순서 ー + 十 艹 岁 岁 芍 苟 苟 荀 敬 敬 敬

한자 3 부수 亠 | 총 6획

交
사귈 교

서로 얼굴을 익히고 친하게 지냄을 나타내는 한자로 [   ]을/를 뜻해요.

답 사귀다

交 사귈 교   交 사귈 교

쓰는 순서 ` 一 亠 六 交 交

한자 4 부수 艮 | 총 7획

良
어질 량

마음이 너그럽고 착하며 덕이 높음을 나타낸 한자로 [   ]을/를 뜻해요.

답 어질다

良 어질 량   良 어질 량

쓰는 순서 ` フ ㅋ ㅋ 自 白 良

1 밤하늘을 수놓은 선을 따라가 다음 한자의 뜻을 쓰세요.

2 다음 그림이 나타내는 한자의 음(소리)을 쓰세요.

어질다

사귀다

점선 위로 겹쳐서 한자를 써 보세요.

연한 글씨 위로 겹쳐서 한자를 따라 써 보세요.

한자 5 부수 魚 | 총 17획

鮮
고울 선

선명하고 고운 생선의 모습에서 [   ] 또는 '신선하다'라는 뜻이 생겼어요.

답 곱다

鮮 고울 선　鮮 고울 선

쓰는 순서 丿 ⺈ ⺈ ⺈ 今 午 午 角 角 角 魚 魚 魚 魣 鮮 鮮 鮮 鮮

한자 6 부수 人(亻) | 총 9획

信
믿을 신

사람의 말은 거짓이 없어야 한다는 의미에서 [   ]을/를 뜻해요.

답 믿다

信 믿을 신　信 믿을 신

쓰는 순서 丿 亻 亻 亻 信 信 信 信 信

한자 7 부수 辵(辶) | 총 11획

通
통할 통

고리가 있는 종을 표현한 한자로 속이 텅 빈 종처럼 길이 뻥 뚫려 있다는 데서 [   ]을/를 뜻해요.

답 통하다

通 통할 통　通 통할 통

쓰는 순서 ⺈ ⺈ マ 丮 丮 甬 甬 涌 涌 涌 通

한자 8 부수 攴(攵) | 총 10획

效
본받을 효

사람을 훈육하기 위해 회초리를 든 모습으로 훈육을 통해 어떠한 대상을 본받도록 한다는 데서 [   ]을/를 뜻해요.

답 본받다

效 본받을 효　效 본받을 효

쓰는 순서 丶 亠 亠 六 交 交 效 效 效 效

---

3 다음 대화에서 ㉠과 ㉡에 들어갈 말로 알맞은 것에 ○표 하세요.

> 바람: 오늘 한자 공부 재미있었니?
>
> 하람: 그럼. 오늘은 '곱다'라는 뜻을 가진 (㉠) 자와 (㉡)라는 뜻을 가진 '效' 자를 배웠는데, 한자를 써 보면서 공부하니까 더 잘 이해가 되는 것 같아.
>
> 바람: 나도 집에 가면 한자 공부부터 해야겠다!

(1) ㉠ →

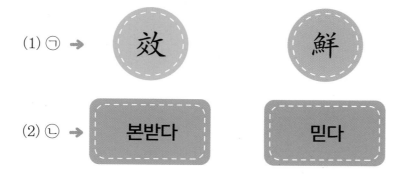

效   鮮

(2) ㉡ →

본받다   믿다

4 다음 문장에서 밑줄 친 한자의 음(소리)을 쓰세요.

> 횡단보도에 있는 信호등에 파란불이 켜지면 안전하게 길을 건넙니다.
> 우리들은 교通 신호를 잘 지킵니다.

(1) 信 → (   )   (2) 通 → (   )

1 다음 한자 카드에 들어갈 뜻과 음(소리)으로 알맞은 것을 찾아 ∨표 하세요.

德

☐ 고울 선   ☐ 큰 덕

2 다음 한자의 뜻으로 알맞은 것을 찾아 ○표 하세요.

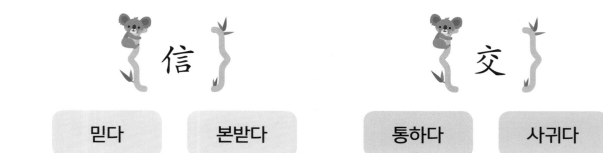

信   交

믿다   본받다   통하다   사귀다

3 다음 한자의 음(소리)으로 알맞은 것을 찾아 ∨표 하세요.

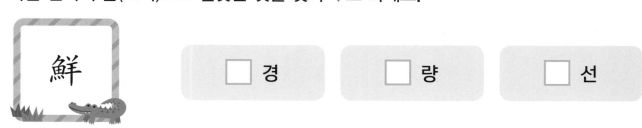

鮮

☐ 경   ☐ 량   ☐ 선

4 다음 밑줄 친 말에 해당하는 한자를 찾아 ◯표 하세요.

책을 읽으며 나도 위인들의 삶을
<u>본받아</u>야겠다고 다짐했습니다.

5 다음 문장의 내용이 맞으면 '예', 틀리면 '아니요'에 ◯표 하세요.

'通'은 '통하다'를 뜻하고, '통'이라고 읽습니다.

6 다음 밑줄 친 한자의 음(소리)으로 알맞은 것을 찾아 선으로 이으세요.

선생님을 더욱 공敬하게
되었습니다.

경

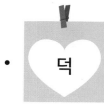

덕

대표 한자어 | 01

우정

友 情
벗 우 | 뜻 정

뜻 친구 사이의 정.

인정

人 情
사람 인 | 뜻 정

뜻 사람이 본래 가지고 있는 감정이나 심정.

대표 한자어 | 02

친 구

親 舊
친할 친 | 예 구

뜻 가깝게 오래 사귄 사람.

대표 한자어 | 03

상 대

相 對
서로 상 | 대할 대

뜻 서로 마주 대함. 또는 그런 대상.

대표 한자어 | 04 |

약속

맺을 약 | 묶을 속

뜻 다른 사람과 앞으로의 일을 어떻게
할 것인가를 미리 정하여 둠.

엄마, 이번
여름방학에는 꼭
제주도 여행을 가기로
約束(약속)해요!

호호호. 그래, 약속.
그러면 이제부터 네
용돈도 節約(절약)
해야겠구나!

절약

마디 절 | 맺을 약

뜻 함부로 쓰지 아니하고 꼭 필요한 데에만
써서 아낌.

대표 한자어 | 05 |

관심

관계할 관 | 마음 심

뜻 어떤 것에 마음이 끌려 주의를 기울임.

나는 도서관에서
내가 關心(관심)
있는 책을 보는 게
좋아.

대표 한자어 | 06 |

사정

事 情

일 사 | 뜻 정

뜻 일의 형편이나 까닭.

늦어서 미안해.
나한테 事情(사정)이
있었어.

대표 한자어 07

도 덕

道	德
길 도	큰 덕

뜻 마땅히 지켜야 할 행동 준칙이나 규범.

할머니를 도와드리는 것도 道德(도덕) 생활이야!

대표 한자어 08

경 례

敬	禮
공경 경	예도 례

뜻 공경의 뜻을 나타내기 위하여 인사하는 일.

국기에 대하여 敬禮(경례)!

대표 한자어 09

교 통

交	通
사귈 교	통할 통

뜻 자동차·기차·배·비행기 등을 이용하여 사람이 오고 가거나, 짐을 실어 나르는 일.

과학 기술이 발전함에 따라 交通(교통)도 발달하게 됐어.

대표 한자어 10

양 심

良	心
어질 량	마음 심

뜻 자기의 행위에 대하여 옳고 그름과 선과 악의 판단을 내리는 도덕적 의식.

良心(양심)이 있으면 거짓말을 못하지……

참고 '良'이 낱말의 맨 앞에 올 때는 '양'이라고 읽어요.

항상 널 응원해!

대표 한자어 11

신용

信	用
믿을 신	쓸 용

뜻 틀림없다고 믿어 의심하지 아니함.

양치기는 마을 사람들에게 信用(신용)을 잃었어.

대표 한자어 12

생선

生	鮮
날 생	고울 선

뜻 먹기 위해 잡은 신선한 물고기.

싱싱한 生鮮(생선) 사세요!

자신

自	信
스스로 자	믿을 신

뜻 스스로 굳게 믿음.

혼자 늑대를 물리칠 自信(자신)도 없으면서 왜 거짓말을 했을까?

대표 한자어 13

효력

效	力
본받을 효	힘 력

뜻 약 따위를 사용한 후에 얻는 보람.

몸에 좋은 약이 입에 쓰다고 하던데, 效力(효력)이 있었으면 좋겠다.

1 다음 ◌에 알맞은 글자를 넣어 낱말을 만드세요.

공경의 뜻을 나타내기 위하여 인사하는 일.

⎯〉 ◯례

Tip

'敬禮'의 '敬'은 [　　　]을/를 뜻하는 한자입니다.

답 공경

2 다음 문장의 내용이 맞으면 '예', 틀리면 '아니요'에 ◯표 하세요.

'友情(우정)'은 '친구 사이의 정.'을 뜻합니다.

예

아니요

Tip

'友'는 [　　　]을/를 뜻하고, '사귀다', '우애가 있다'라는 의미를 가지고 있습니다.

답 벗

3 다음 뜻에 해당하는 한자어를 찾아 선으로 이으세요.

서로 마주 대함. 또는 그런 대상. •

가깝게 오래 사귄 사람. •

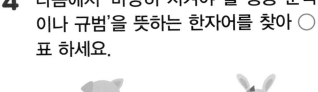

• ◀ 親舊

• ◀ 相對

Tip

'가깝게 오래 사귄 사람.'을 뜻하는 낱말은 ❶ [　　　]이고, '서로 마주 대함. 또는 그런 대상.'을 뜻하는 낱말은 ❷ [　　　]입니다.

답 ❶ 친구 ❷ 상대

4 다음에서 '마땅히 지켜야 할 행동 준칙이나 규범'을 뜻하는 한자어를 찾아 ◯표 하세요.

交通　　　道德

Tip

'道德'은 '마땅히 지켜야 할 행동 준칙이나 규범.'을 뜻하는 한자어로 [　　　](이)라고 읽습니다.

답 도덕

5 다음 뜻에 해당하는 낱말을 찾아 선으로 이으세요.

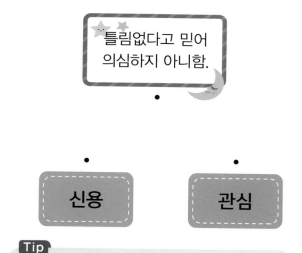

틀림없다고 믿어 의심하지 아니함.

신용   관심

Tip

'信用'의 '信'은 '믿다'를 뜻하고, ☐ (이)라고 읽습니다.

답 신

6 '生鮮'의 뜻을 바르게 설명한 것에 ◯표 하세요.

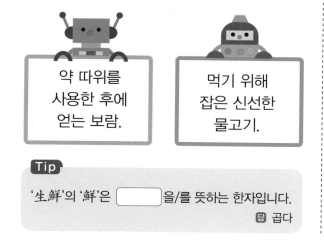

약 따위를 사용한 후에 얻는 보람.

먹기 위해 잡은 신선한 물고기.

Tip

'生鮮'의 '鮮'은 ☐ 을/를 뜻하는 한자입니다.

답 곱다

7 다음 낱말 퍼즐을 푸세요.

가로 열쇠

❶ 함부로 쓰지 아니하고 꼭 필요한 데에만 써서 아낌.

❹ 어떤 것에 마음이 끌려 주의를 기울임.

❺ 스스로 굳게 믿음.

세로 열쇠

❷ 다른 사람과 앞으로의 일을 어떻게 할 것인가를 미리 정하여 둠.

❸ 자기의 행위에 대하여 옳고 그름과 선과 악의 판단을 내리는 도덕적 의식.

Tip

'어떤 것에 마음이 끌려 주의를 기울임.'을 뜻하는 한자어는 ❶(關心 / 友情), '자기의 행위에 대하여 옳고 그름과 선과 악의 판단을 내리는 도덕적 의식.'을 뜻하는 한자어는 ❷(信用 / 良心)입니다.

답 ❶ 關心 ❷ 良心

전략 1 　한자어의 음(소리) 쓰기

다음 밑줄 친 漢字語한자어의 音(음: 소리)을 쓰세요.

보기

朗讀 ➡ 낭독

● 기다리던 <u>約束</u> 시간이 다가오니 가슴이 설렙니다. ➡ (　　　　　　)

답 약속

필수 예제 | 01

다음 밑줄 친 漢字語한자어의 音(음: 소리)을 쓰세요.

보기

朗讀 ➡ 낭독

(1) 쓰레기를 아무 데나 버리는 것은 <u>良心</u>을 버리는 행위입니다.

　　　　➡ (　　　　　　)

(2) 내 씨름 <u>相對</u>가 나보다 몸집이 작아서 안심이 됩니다. ➡ (　　　　　　)

(3) 전학을 가면 <u>親舊</u>들이 가장 그리울 것입니다. ➡ (　　　　　　)

(4) 내 짝이 결석하여 무슨 <u>事情</u>이 있는지 걱정입니다. ➡ (　　　　　　)

단어의 첫머리에서
음(소리)이 변하는 글자에
주의합니다.
예 良心: 량심(✕), 양심(○)

전략 **2**   한자의 뜻과 음(소리) 쓰기

다음 漢字^{한자}의 訓_(훈: 뜻)과 音_(음: 소리)을 쓰세요.

> **보기**
>
> 朗 ➡ 밝을 **랑**

● 友 ➡ (   )

답 벗 우

필수 예제 **02**

다음 漢字^{한자}의 訓_(훈: 뜻)과 音_(음: 소리)을 쓰세요.

> **보기**
>
> 朗 ➡ 밝을 **랑**

(1) 情 ➡ (   )

(3) 關 ➡ (   )

(2) 親 ➡ (   )

(4) 束 ➡ (   )

> 한자의
> 뜻과 음(소리)은
> 반드시 함께 알아
> 두어야 합니다.

전략 3   뜻과 음(소리)에 맞는 한자 쓰기

다음 訓(훈: 뜻)과 音(음: 소리)에 맞는 漢字한자를 쓰세요.

보기
바다 해 ➡ 海

● 믿을 신 ➡ (   )

답 信

필수 예제 03

다음 訓(훈: 뜻)과 音(음: 소리)에 맞는 漢字한자를 쓰세요.

보기
바다 해 ➡ 海

(1) 대할 대 ➡ (   )   (3) 일 사 ➡ (   )

(2) 마음 심 ➡ (   )   (4) 길 도 ➡ (   )

> 뜻이 반대거나 유사한
> 한자를 함께 알아 두면
> 어휘력을 기르는 데
> 도움이 됩니다.

전략 4 제시된 뜻에 맞는 한자어 찾기

다음 뜻에 맞는 漢字語한자어를 보기 에서 찾아 그 번호를 쓰세요.

> 보기
>
> ① 道德　　② 約束　　③ 生鮮　　④ 良心

● 마땅히 지켜야 할 행동 준칙이나 규범. → (　　　　　　　)

답 ①

필수 예제 | 04 |

다음 뜻에 맞는 漢字語한자어를 보기 에서 찾아 그 번호를 쓰세요.

> 보기
>
> ① 信用　　② 敬禮　　③ 效力　　④ 友情

(1) 공경의 뜻을 나타내기 위하여 인사하는 일.
　　　　→ (　　　　　　)

(3) 친구 사이의 정.
　　　　　　　→ (　　　　　　)

(2) 틀림없다고 믿어 의심하지 아니함.
　　　　→ (　　　　　)

(4) 약 따위를 사용한 후에 얻는 보람.
　　　　　　→ (　　　　　)

> 한자어는 한자와
> 한자가 서로 결합하여 이루어진
> 낱말이므로 각 한자의 뜻에
> 유의해야 합니다.

[한자어의 음(소리) 쓰기]

1 다음 밑줄 친 漢字語한자어의 音(음: 소리)을 쓰세요.

친구와 놀이공원에 가서 **友情**을 나누었습니다.

→ (   )

Tip

'우정'은 '친구 사이의 정.'을 뜻하는 낱말입니다.

[한자어의 음(소리) 쓰기]

2 다음 밑줄 친 漢字語한자어의 音(음: 소리)을 쓰세요.

우리는 공중 **道德**을 잘 지킵니다.

→ (   )

Tip

'도덕'은 '마땅히 지켜야 할 행동 준칙이나 규범.'을 뜻하는 낱말입니다.

[한자의 뜻과 음(소리) 쓰기]

3 다음 漢字한자의 訓(훈: 뜻)과 音(음: 소리)을 쓰세요.

> 보기
>
> 朗 → 밝을 **랑**

• 敬 → (   )

Tip

'敬'은 '공경'을 뜻하고, '경'이라고 읽습니다.

[한자의 약자 쓰기]

4 다음 漢字한자의 약자(略字: 획수를 줄인 漢字)를 쓰세요.

• 關 → (   )

Tip

획수를 줄인 약자를 주의하여 알아 두어야 합니다.
• 關의 약자: 関

[제시된 뜻에 맞는 한자어 찾기]

5 다음 뜻에 맞는 漢字語한자어를 보기에서 찾아 그 번호를 쓰세요.

> 보기
>
> ① 友情　　② 效力　　③ 道德　　④ 敬禮

● 약 따위를 사용한 후에 얻는 보람. ➔ (　　　　　)

Tip
'효력'은 '약 따위를 사용한 후에 얻는 보람.'을 뜻하는 낱말입니다.

[빈칸에 들어갈 한자 찾기]

6 다음 四字成語사자성어의 (　　) 속에 알맞은 漢字한자를 보기에서 찾아 그 번호를 쓰세요.

> 보기
>
> ① 關　　　② 舊　　　③ 良　　　④ 通

● (　　)藥苦口: 좋은 약은 입에 쓰다는 뜻으로, 충성이 담긴 말은 귀에 거슬린다는 말.

Tip
'良'은 '어질다'를 뜻하고, '량(양)'이라고 읽습니다.

[뜻과 음(소리)에 맞는 한자 쓰기]

7 다음 訓(훈: 뜻)과 音(음: 소리)에 맞는 漢字한자를 쓰세요.

> 보기
>
> 바다 해 ➔ 海

● 믿을 신 ➔ (　　　　　)

Tip
'믿다'라는 뜻을 가진 한자는 '信'이고, '신'이라고 읽습니다.

[제시된 뜻에 맞는 동음어 찾기]

8 다음 제시한 漢字語한자어와 뜻에 맞는 同音語동음어를 보기에서 찾아 그 번호를 쓰세요.

> 보기
>
> ① 效力　　② 自信　　③ 事情　　④ 相對

● 上代-(　　): 서로 마주 대함. 또는 그런 대상.

➔ (　　　　　)

Tip
'上代'는 '조상의 대.' 또는 '상고의 시대.'를 뜻하는 한자어입니다.

01 다음 ☐ 안에 들어갈 한자를 찾아 ○표 하세요.

무궁화 꽃이 피었……

나는 親☐들과 술래잡기를 하였습니다.

舊   束

02 다음 한자의 뜻과 음(소리)으로 알맞은 것을 찾아 ∨표 하세요.

☐ 어질 량   ☐ 벗 우

03 다음 밑줄 친 한자어의 음(소리)을 쓰세요.

어머니는 환경을 위해 대중 **交通**을 이용합니다.

➜ (   )

04 다음 ☐ 안에 들어갈 한자를 보기 에서 찾아 그 번호를 쓰세요.

보기
① 友   ② 關   ③ 親   ④ 情

(1) ☐ 심: 어떤 것에 마음이 끌려 주의를 기울임.

➜ (   )

(2) 사 ☐ : 일의 형편이나 까닭.

➜ (   )

05 다음 뜻과 음(소리)에 해당하는 한자를 보기 에서 찾아 그 번호를 쓰세요.

보기
① 信   ② 鮮   ③ 效   ④ 敬

(1) 고울 선 ➜ (   )

(2) 본받을 효 ➜ (   )

06 다음 뜻에 해당하는 한자어를 찾아 ○표 하세요.

넌 내 상대가 안 돼!

서로 마주 대함. 또는 그런 대상.

敬禮　　　相對

07 다음 한자의 뜻을 보기에서 찾아 그 번호를 쓰세요.

보기
① 뜻　② 묶다　③ 벗　④ 맺다

(1) 友 ➡ (　　　　　)

(2) 情 ➡ (　　　　　)

08 다음 뜻에 해당하는 한자어를 보기에서 찾아 그 번호를 쓰세요.

보기
① 事情　　② 約束
③ 道德　　④ 信用

• 다른 사람과 앞으로의 일을 어떻게 할 것인가를 미리 정하여 둠.

➡ (　　　　　)

09 다음 밑줄 친 낱말에 해당하는 한자어를 보기에서 찾아 그 번호를 쓰세요.

보기
① 效力　　② 關心
③ 良心　　④ 生鮮

• 누나가 나한테도 관심을 가져 주면 좋겠습니다.

➡ (　　　　　)

10 다음 한자의 뜻과 음(소리)을 쓰세요.

보기
朗 ➡ 밝을 랑

(1) 德 ➡ (　　　　　)

(2) 約 ➡ (　　　　　)

창의 융합

1 ①~④에서 바람이가 숙제를 대신해 줄 수 없는 이유를 나타낸 한자어를 찾아 그 음(소리)을 쓰세요. (2개)

➡ (   ), (   )

창의·융합·코딩 전략 ❷

1 완성된 우주선에 쓰인 부품과 다른 부분을 보기 에서 찾아 ○표 하고, 해당하는 한자의 뜻과 음(소리)을 쓰세요.

보기

束　相　約　德　鮮　信

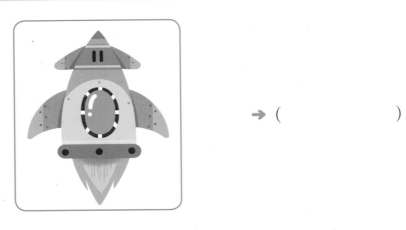

➡ (　　　　　　　　)

2 그림을 보고, 두 친구의 대화와 관련이 깊은 한자를 찾아 ∨표 하세요.

□ 德　　□ 約　　□ 效

3 순서도를 보고, 결과에 해당하는 한자어의 음(소리)을 쓰세요.

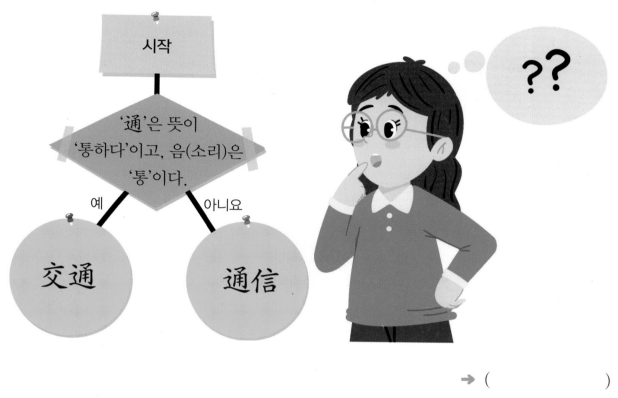

→ (   )

4 저는 무엇일지 인공지능 지니 게임을 해 보고, 정답을 보기 에서 찾아 한글로 쓰세요.

보기

信用   交通   良心   關心

- 저는 사람들이 볼 수 없습니다.
- 잘못된 행동을 하면 저에 대해 부끄러움을 느낍니다.
- 옳고 그름과 선과 악의 판단을 내리는 도덕적 의식이라고 말할 수 있습니다.

→ (   )

5 다음 문장을 읽고, 물음에 답하세요.

> 그동안 친하게 지냈던 친구가 전학을 갑니다. 매일같이 얼굴을 보며 공부했는데, 이젠 못 보게 된다고 생각하니 마음이 허전합니다. 하지만 ㉠친구 사이의 정을 새롭게 더 쌓을 수 있도록 ㉡메일을 주고받기로 □□하였으니, 아쉬움을 달래 봅니다.

(1) 보기 를 참고하여 ㉠의 뜻을 가진 한자어의 음(소리)을 쓰세요.

> 보기
>
> 道德   相對   友情   效力

→ (   )

(2) ㉡에서 □□에 들어갈 수 있는 한자어에 ○표 하세요.

→ (約束 / 親舊)

6 다음 문제를 풀어 휴대 전화 비밀번호를 만드세요.

① '友'의 음(소리)은 '우'이다.
               (예: 3, 아니요: 2)

② '서로'의 뜻을 가진 한자는 '關'이다.
               (예: 1, 아니요: 5)

③ '良'의 뜻은 '어질다'이고, 글자의 맨 앞에 올 때는 '양'으로 읽는다.   (예: 7, 아니요: 0)

④ '敬'의 뜻과 음(소리)은 '큰 덕'이다.
               (예: 4, 아니요: 6)

내 휴대 전화 비밀번호는

코딩

7 자판기의 음료수병에 적힌 한자를 결합하여 낱말을 만들려고 합니다. 다음 조건 에 맞게 ( ) 안을 채우세요.

조건

① 사용할 수 있는 금액은 1,000원입니다.
② 두 글자로 된 낱말을 만듭니다.
③ 낱말의 순서대로 자판기의 버튼을 누릅니다.

낱말	버튼	가격
약속	⑤ + ①	900원
( )	( )+( )	( )원
( )	( )+( )	( )원

창의 융합

8 다음 그림과 관련이 <u>없는</u> 한자어를 찾아 ∨표 하세요.

□ 道德

□ 敬禮

□ 生鮮

양육 / 날씨 / 신체 한자

❶ 産 낳을 **산**　❷ 兒 아이 **아**　❸ 養 기를 **양**　❹ 育 기를 **육**　❺ 童 아이 **동**　❻ 充 채울 **충**

❼ 愛 사랑 **애**　❽ 福 복 **복**　❾ 雨 비 **우**　❿ 雲 구름 **운**　⓫ 溫 따뜻할 **온**　⓬ 陽 볕 **양**

⓭ 首 머리 **수**　⓮ 己 몸 **기**　⓯ 頭 머리 **두**　⓰ 目 눈 **목**

점선 위로 겹쳐서 한자를 써 보세요.

연한 글씨 위로 겹쳐서 한자를 따라 써 보세요.

한자 1 부수 生 | 총 11획

産
낳을 산

방 안에서 아이를 낳음을 나타낸 한자로 ☐ 을/를 뜻해요.

답 낳다

産 産
낳을 산 낳을 산

쓰는 순서 丶 一 亠 ナ 文 立 产 产 产 产 産 産

뜻이 비슷한 한자 出(날 출), 生(날 생)

한자 2 부수 儿 | 총 8획

兒
아이 아

아이의 머리와 젖니를 함께 표현한 한자로 ☐ 을/를 뜻해요.

답 아이

兒 兒
아이 아 아이 아

쓰는 순서 丿 丶 丨 臼 臼 臼 兒 兒

약자 児

뜻이 비슷한 한자 童(아이 동)

한자 3 부수 食 | 총 15획

養
기를 양

목축업을 하는 모습에서 ☐ 을/를 뜻하게 되었어요.

답 기르다

養 養
기를 양 기를 양

쓰는 순서 丶 丷 丷 并 羊 羊 美 美 義 養 養 養 養 養

뜻이 비슷한 한자 育(기를 육)

한자 4 부수 肉(月) | 총 8획

育
기를 육

갓난아이를 기르는 모습을 나타낸 한자로 ☐ 을/를 뜻해요.

답 기르다

育 育
기를 육 기를 육

쓰는 순서 丶 亠 云 产 育 育 育 育

뜻이 비슷한 한자 養(기를 양)

1 사다리를 타고 내려가 한자에 해당하는 뜻과 음(소리)을 쓰세요.

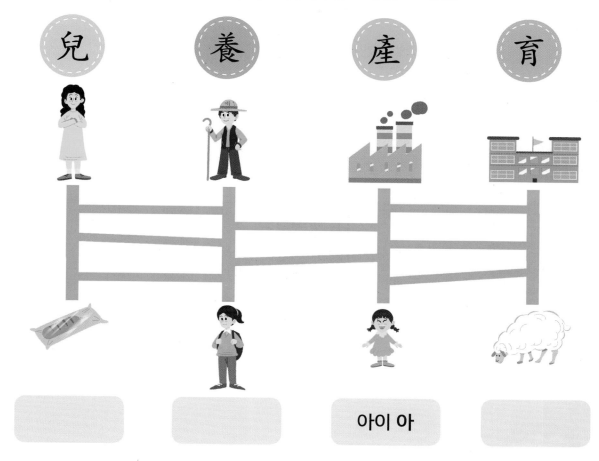

| | | 아이 아 | |

2 다음 밑줄 친 낱말에 해당하는 한자를 찾아 ◯표 하세요.

놀이터에서 <u>아이</u>들이 모래성을 쌓고 있습니다.

점선 위로 겹쳐서 한자를 써 보세요.

연한 글씨 위로 겹쳐서 한자를 따라 써 보세요.

한자 5 부수 立 | 총 12획

童
아이 동

학교에 가지 않는 어린 사람을 일컫는 한자로 ☐☐ 을/를 뜻해요.

답 아이

童	童
아이 동	아이 동

쓰는 순서 ` ` ⺧ ⺊ 立 产 音 音 音 音 童 童

뜻이 비슷한 한자 兒(아이 아)

한자 6 부수 儿 | 총 6획

充
채울 충

배가 불룩한 사람을 그린 한자로 식사 후의 포만감을 의미하는 데서 ☐☐ 을/를 뜻해요.

답 채우다

充	充
채울 충	채울 충

쓰는 순서 ` ㄊ ㄊ ㄊ 产 充

한자 7 부수 心 | 총 13획

愛
사랑 애

사람의 가슴속에서 심장이 뛰는 모습을 나타낸 한자로 ☐☐ 을/를 뜻해요.

답 사랑

愛	愛
사랑 애	사랑 애

쓰는 순서 ⺧ ⺊ ⺊ ⺊ ⺊ 乎 乎 乎 恶 恶 愛 愛 愛

한자 8 부수 示 | 총 14획

福
복 복

아주 좋은 운수나 큰 행운을 가리키는 한자로 ☐☐ 을/를 뜻해요.

답 복

福	福
복 복	복 복

쓰는 순서 ` ⺧ ⺊ ㅜ 禾 禾 禾 禾 福 福 福 福 福 福

뜻이 비슷한 한자 幸(다행 행)

3 돌림판을 돌려 나온 숫자에 해당하는 한자를 보기 에서 찾아 그 뜻과 음(소리)을 쓰세요.

보기

2 → 童, 3 → 充, 4 → 愛, 5 → 福

4 그림 속에 숨어 있는 한자를 찾아 ○표 하고, 그 뜻이나 음(소리)이 쓰여 있는 풍선에 연결하세요. (2개)

1 다음 뜻에 해당하는 한자를 찾아 ∨표 하세요.

낳다
- □ 産
- □ 養

기르다
- □ 童
- □ 育

2 다음 한자의 뜻과 음(소리)으로 알맞은 것을 찾아 선으로 이으세요.

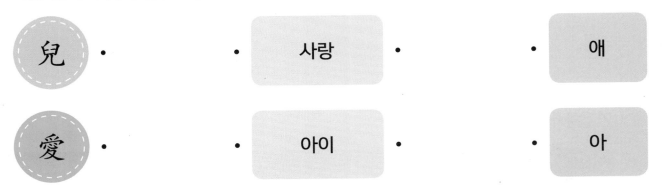

兒 ·

愛 ·

· 사랑 ·

· 아이 ·

· 애

· 아

3 다음 문장의 내용이 맞으면 '예', 틀리면 '아니요'에 ○표 하세요.

'充'의
뜻과 음(소리)은
'채울 충'입니다.

예

아니요

'養'의
뜻과 음(소리)은
'낳을 육'입니다.

예

아니요

4 다음 밑줄 친 한자의 음(소리)을 찾아 ○표 하세요.

동생의 동글동글 <u>福</u>스러운 얼굴에 웃음이 가득합니다.

 복

 동

5 다음 밑줄 친 말에 해당하는 한자를 찾아 ∨표 하세요.

운동을 해야 체력을 <u>기를</u> 수 있습니다.

□ 産   □ 兒   □ 育

6 다음 한자 카드에 들어갈 뜻과 음(소리)을 쓰세요.

급수 한자 돌파 전략 ❶

점선 위로 겹쳐서 한자를 써 보세요.

연한 글씨 위로 겹쳐서 한자를 따라 써 보세요.

한자 1 부수 雨 | 총 8획

구름 아래로 빗방울이 떨어지는 모습에서 (　　　)을/를 뜻해요.

답 비

雨	雨			
비 우	비 우			

쓰는 순서 一 𠃌 冂 币 币 雨 雨 雨

뜻이 반대인 한자 光(빛 광), 陽(볕 양)

한자 2 부수 雨 | 총 12획

뭉게구름이 피어오른 모습에서 (　　　)을/를 뜻해요.

답 구름

雲	雲			
구름 운	구름 운			

쓰는 순서 一 𠃌 冂 币 币 雨 雨 雫 雫 雲 雲 雲

한자 3 부수 水(氵) | 총 13획

김이 올라오는 큰 대야에서 몸을 씻고 있는 사람을 그린 한자로 (　　　)을/를 뜻해요.

답 따뜻하다

溫	溫			
따뜻할 온	따뜻할 온			

쓰는 순서 丶 冫 氵 氵 汩 汩 泅 泅 泅 淵 淵 溫 溫

한자 4 부수 阜(阝) | 총 12획

햇볕이 제단 위를 비추고 있는 모습에서 (　　　)을/를 뜻하게 되었어요.

답 볕

陽	陽			
볕 양	볕 양			

쓰는 순서 ㇇ 了 阝 阝 阝ㄇ 阝ㄇ 阝日 阝旦 阝旦 陽 陽 陽

모양이 비슷한 한자 場(마당 장)

1 다음 대화에서 밑줄 친 말에 해당하는 한자를 보기 에서 찾아 그 번호를 쓰세요.

보기

① 雨   ② 雲   ③ 溫   ④ 陽

해가 뜨면 비는 다시 하늘로 올라가 구름이 되겠지?

야호! 비가 오니까 신난다!

(1) 비 ➡ (   )   (2) 구름 ➡ (   )

2 한자 카드를 만들 때 다음 그림과 어울리는 한자를 찾아 선으로 이으세요.

陽 볕 양

溫 따뜻할 온

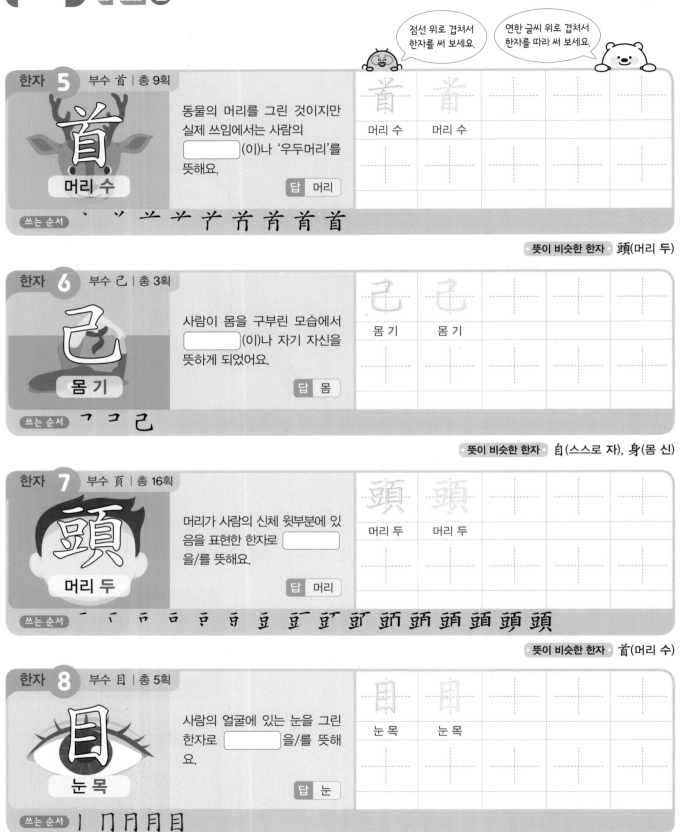

점선 위로 겹쳐서 한자를 써 보세요.

연한 글씨 위로 겹쳐서 한자를 따라 써 보세요.

한자 5 부수 首 | 총 9획

首
머리 수

동물의 머리를 그린 것이지만 실제 쓰임에서는 사람의 ☐(이)나 '우두머리'를 뜻해요.

답 머리

首 머리 수   首 머리 수

쓰는 순서 丶 丷 丷 ⺀ ⺌ ⻂ 首 首 首

뜻이 비슷한 한자 頭(머리 두)

한자 6 부수 己 | 총 3획

己
몸 기

사람이 몸을 구부린 모습에서 ☐(이)나 자기 자신을 뜻하게 되었어요.

답 몸

己 몸 기   己 몸 기

쓰는 순서 フ コ 己

뜻이 비슷한 한자 自(스스로 자), 身(몸 신)

한자 7 부수 頁 | 총 16획

頭
머리 두

머리가 사람의 신체 윗부분에 있음을 표현한 한자로 ☐을/를 뜻해요.

답 머리

頭 머리 두   頭 머리 두

쓰는 순서 一 一 戸 戸 戸 戸 豆 豆 豆 豇 頭 頭 頭 頭 頭 頭

뜻이 비슷한 한자 首(머리 수)

한자 8 부수 目 | 총 5획

目
눈 목

사람의 얼굴에 있는 눈을 그린 한자로 ☐을/를 뜻해요.

답 눈

目 눈 목   目 눈 목

쓰는 순서 丨 冂 冂 月 目

3 신체를 나타내는 한자를 보기 에서 찾아 쓰세요.

보기

己   頭   目   雲

4 친구의 설명에서 밑줄 친 한자의 뜻과 음(소리)을 쓰세요.

우리나라의 首도는 서울 입니다.

• 首 → (   )

1 다음 한자 카드에 들어갈 뜻과 음(소리)으로 알맞은 것을 찾아 ∨표 하세요.

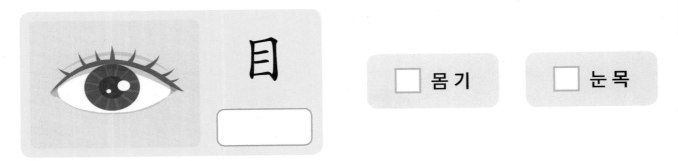

目

☐ 몸 기 ☐ 눈 목

2 다음 한자의 뜻으로 알맞은 것을 찾아 ◯표 하세요.

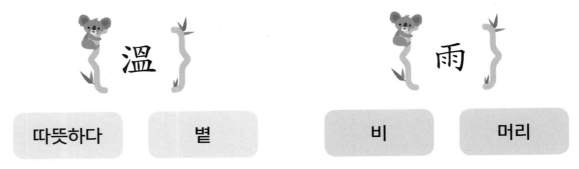

溫

따뜻하다 볕

雨

비 머리

3 사다리를 타고 내려가 해당하는 한자의 음(소리)을 쓰세요.

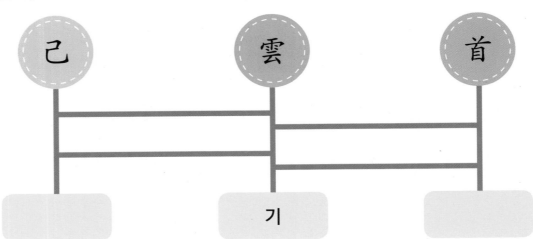

己 雲 首

기

4 다음 밑줄 친 낱말에 해당하는 한자를 찾아 ○표 하세요.

머리 위로 풍선이 날아갑니다.

雨 　 頭

5 다음 문장의 내용이 맞으면 '예', 틀리면 '아니요'에 ○표 하세요.

'陽'은 '볕'을 뜻하고, '양'이라고 읽습니다.

예 　 아니요

6 다음 문장에서 밑줄 친 한자의 뜻과 음(소리)을 쓰세요.

학예회에서 우리 반 친구들이 부른 노래가
사람들의 이目을 끌었습니다.

→ (　　　　　　　)

대표 한자어 **01**

물 산

物	産
물건 물	낳을 산

뜻 그 지방에서 생산되는 물품.

예부터 우리 고장은 物産(물산)이 풍부하여 부자가 많았습니다.

대표 한자어 **02**

아 동

兒	童
아이 아	아이 동

뜻 나이가 적은 아이.

유치원에서 兒童(아동)들이 노는 모습이 참 귀엽구나!

대표 한자어 **03**

양 육

養	育
기를 양	기를 육

뜻 아이를 보살펴서 자라게 함.

교 육

教	育
가르칠 교	기를 육

뜻 지식과 기술 따위를 가르치며 인격을 길러 줌.

엄마 아빠, 우리를 건강하게 養育(양육)해 주셔서 고맙습니다!

그래. 학교에 가서도 教育(교육)을 잘 받아 훌륭한 어른이 되렴.

대표 한자어 04

충분

充	分
채울 충	나눌 분

뜻 모자람이 없이 넉넉함.

어린이는 영양이 좋은 식사를 充分(충분)히 해야 한대요!

대표 한자어 05

항상 널 응원해!

행복

幸	福
다행 행	복 복

뜻 생활에서 충분한 만족과 기쁨을 느끼어 흐뭇함. 또는 그러한 상태.

할머니와 할아버지께서는 시골에서 幸福(행복)하게 사십니다.

대표 한자어 06

애 정

愛	情
사랑 애	뜻 정

뜻 사랑하는 마음.

애 국

愛	國
사랑 애	나라 국

뜻 자기 나라를 사랑함.

가족은 愛情(애정)으로 연결되어 있어.

맞아. 愛國(애국)하는 마음도 가족의 사랑으로부터 기를 수 있어.

대표 한자어 07

우 천

雨	天
비 우	하늘 천

뜻 비가 오는 날씨.

기다리던 소풍이 雨天(우천)으로 연기되다니…… 얼마나 속상할까?

대표 한자어 08

운 집

雲	集
구름 운	모을 집

뜻 구름처럼 모인다는 뜻으로, 많은 사람이 모여듦을 이르는 말.

서커스 공연에 많은 사람이 雲集(운집) 하였습니다.

대표 한자어 09

기 온

氣	溫
기운 기	따뜻할 온

뜻 대기의 온도.

해가 떠오르자 氣溫(기온)이 오릅니다.

대표 한자어 10

석 양

夕	陽
저녁 석	볕 양

뜻 저녁때의 햇빛. 또는 저녁때의 저무는 해.

서쪽 하늘이 夕陽(석양)에 붉게 물들어 갑니다.

대표 한자어 | 11 |

부 수

部	首
떼 부	머리 수

뜻 한자 자전에서 글자를 찾는 길잡이 역할을 하는 공통되는 글자의 한 부분.

部首(부수)를 알면 한자 공부가 더 쉽고 재미있답니다!

대표 한자어 | 12 |

자 기

自	己
스스로 자	몸 기

뜻 그 사람 자신.

나, 소크라테스!

사람은 自己(자기) 자신을 알아야 합니다.

대표 한자어 | 13 |

선 두

先	頭
먼저 선	머리 두

뜻 대열이나 행렬, 활동 따위에서 맨 앞.

드디어 우리나라 선수가 先頭(선두)로 나섰군!

대표 한자어 | 14 |

품 목

品	目
물건 품	눈 목

뜻 물품의 이름을 쓴 목록.

시장에는 다양한 品目(품목)의 물건들이 많아.

1 다음 뜻에 해당하는 낱말을 찾아 선으로 이으세요.

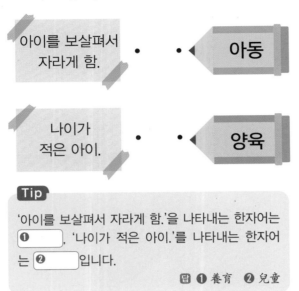

아이를 보살펴서
자라게 함. · · 아동

나이가
적은 아이. · · 양육

Tip

'아이를 보살펴서 자라게 함.'을 나타내는 한자어는
❶ [   ], '나이가 적은 아이.'를 나타내는 한자어
는 ❷ [   ] 입니다.

답 ❶ 養育 ❷ 兒童

3 다음 문장의 내용이 맞으면 '예', 틀리면 '아니요'에 ◯표 하세요.

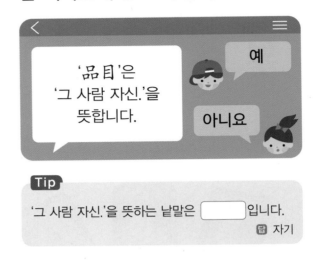

'品目'은
'그 사람 자신.'을
뜻합니다.

예

아니요

Tip

'그 사람 자신.'을 뜻하는 낱말은 [   ]입니다.

답 자기

2 다음 설명 에 해당하는 한자어를 찾아
◯표 하세요.

설명

생활에서 충분한 만족과 기쁨을 느끼어
흐뭇함. 또는 그러한 상태.

幸福   充分

Tip

'幸福'은 '다행'과 '복'의 뜻을 가진 한자가 결합하
여 이루어진 한자어로 [   ](이)라고 읽습니다.

답 행복

4 다음 ◌에 알맞은 글자를 넣어 낱말을
만드세요.

비가 오는 날씨.

◯천

Tip

'雨'는 '비'를 뜻하고, [   ](이)라고 읽습니다.

답 우

5 다음 뜻에 해당하는 한자어를 찾아 ○표 하세요.

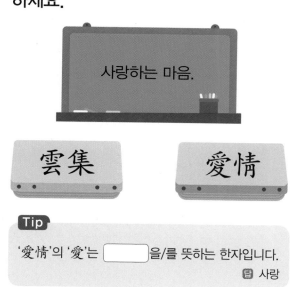

사랑하는 마음.

雲集   愛情

Tip

'愛情'의 '愛'는 [ ]을/를 뜻하는 한자입니다.

답 사랑

6 '先頭'의 뜻을 바르게 설명한 것에 ○표 하세요.

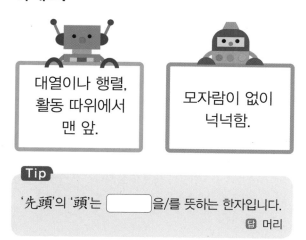

대열이나 행렬, 활동 따위에서 맨 앞.

모자람이 없이 넉넉함.

Tip

'先頭'의 '頭'는 [ ]을/를 뜻하는 한자입니다.

답 머리

7 다음 낱말 퍼즐을 푸세요.

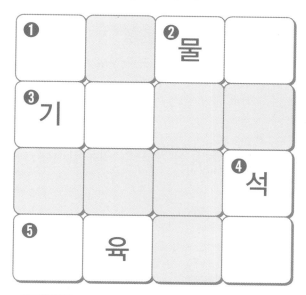

가로 열쇠

❷ 그 지방에서 생산되는 물품.
❸ 대기의 온도.
❺ 지식과 기술 따위를 가르치며 인격을 길러 줌.

세로 열쇠

❶ 그 사람 자신.
❹ 저녁때의 햇빛. 또는 저녁때의 저무는 해.

Tip

'그 지방에서 생산되는 물품.'을 뜻하는 한자어는 (物産 / 品目)입니다.

답 物産

전략 1   한자어의 음(소리) 쓰기

다음 밑줄 친 漢字語_{한자어}의 讀音_(독음: 읽는 소리)을 쓰세요.

> 보기
>
> 效力 ➡ 효력

● 자녀 **養育**은 부모의 의무입니다. ➡ (   )

답   양육

필수 예제 | 01

다음 밑줄 친 漢字語_{한자어}의 讀音_(독음: 읽는 소리)을 쓰세요.

> 보기
>
> 效力 ➡ 효력

(1) 우리 지역의 **物產**은 세계 여러 나라로 수출됩니다.

         ➡ (   )

(2) 선거 유세에 사람들이 **雲集**하였습니다.

         ➡ (   )

(3) 내게 필요한 것은 이것으로 **充分**합니다.

         ➡ (   )

(4) 우리 집은 할아버지께서 많은 **愛情**을 들여 지으신 한옥입니다.

         ➡ (   )

문장을 읽으며 한자어의 음(소리)이 무엇일지 생각해 봅시다.

전략 2   한자의 뜻과 음(소리) 쓰기

다음 漢字한자의 訓(훈: 뜻)과 音(음: 소리)을 쓰세요.

> **보기**
>
> 效 ➡ 본받을 **효**

● 陽 ➡ (   )

답 볕 양

필수 예제 |02|

다음 漢字한자의 訓(훈: 뜻)과 音(음: 소리)을 쓰세요.

> **보기**
>
> 效 ➡ 본받을 **효**

(1) 兒 ➡ (   )

(3) 雨 ➡ (   )

(2) 首 ➡ (   )

(4) 愛 ➡ (   )

> 한자의
> 뜻과 음(소리)은
> 반드시 함께 알아
> 두어야 합니다.

전략 **3**   뜻이 같거나 비슷한 한자 찾기

다음 ( ) 안에 밑줄 친 漢字한자와 뜻이 같거나 비슷한 漢字한자를 보기 에서 찾아 그 번호를 쓰세요.

> 보기
>
> ① 目   ② 童   ③ 福   ④ 充

● 모든 <u>兒</u>( )들은 법에 따라 보호받을 수 있습니다. → (   )

답 ②

필수 예제 03

다음 ( ) 안에 밑줄 친 漢字한자와 뜻이 같거나 비슷한 漢字한자를 보기 에서 찾아 그 번호를 쓰세요.

> 보기
>
> ① 産   ② 養   ③ 己   ④ 福

(1) 우리들은 돌아가면서 <u>自</u>( ) 소개를 하였습니다.
→ (   )

(3) 부모님은 우리 자매를 ( )<u>育</u>하기 위해 애쓰십니다.
→ (   )

(2) 오늘도 <u>幸</u>( )한 하루를 보냈습니다.
→ (   )

(4) 마을 앞 넓은 들에서는 매년 많은 쌀이 ( )<u>出</u>되고 있습니다.
→ (   )

> 먼저 문장 속에 쓰인 낱말의 뜻을 생각해 보고, 그 뜻에 알맞은 한자를 찾아봅니다.

전략 4 제시된 뜻에 맞는 한자어 찾기

다음 뜻에 맞는 漢字語한자어를 보기 에서 찾아 그 번호를 쓰세요.

보기

① 先頭   ② 物産   ③ 養育   ④ 幸福

● 생활에서 충분한 만족과 기쁨을 느끼어 흐뭇함. 또는 그러한 상태.

→ (   )

답 ④

필수 예제 04

다음 뜻에 맞는 漢字語한자어를 보기 에서 찾아 그 번호를 쓰세요.

보기

① 愛情   ② 充分   ③ 氣溫   ④ 夕陽

(1) 대기의 온도.

→ (   )

(2) 사랑하는 마음.

→ (   )

(3) 저녁때의 햇빛. 또는 저녁때의 저무는 해.

→ (   )

(4) 모자람이 없이 넉넉함.

→ (   )

한자어는 한자와
한자가 서로 결합하여
이루어진 낱말이므로 각
한자의 뜻에 유의해야
합니다.

[한자어의 음(소리) 쓰기]

1 다음 밑줄 친 漢字語한자어의 音(음: 소리)을 쓰세요.

병아리 떼처럼 *兒童*들이 줄을 맞추어 행진합니다.

➡ (　　　　　　)

[한자어의 음(소리) 쓰기]

2 다음 밑줄 친 漢字語한자어의 音(음: 소리)을 쓰세요.

갑작스러운 *雨天*으로 비를 쫄딱 맞고 말았습니다.

➡ (　　　　　　)

[한자의 뜻과 음(소리) 쓰기]

3 다음 漢字한자의 訓(훈: 뜻)과 音(음: 소리)을 쓰세요.

> 보기
>
> 效 ➡ 본받을 **효**

● 雲 ➡ (　　　　　　)

[제시된 뜻에 맞는 한자어 찾기]

4 다음 뜻에 맞는 漢字語한자어를 보기 에서 찾아 그 번호를 쓰세요.

> 보기
>
> ① 充分　② 氣溫　③ 愛情　④ 部首

● 한자 자전에서 글자를 찾는 길잡이 역할을 하는 공통되는 글자의 한 부분. ➡ (　　　　　　)

[제시된 뜻에 맞는 한자어 찾기]

5 다음 뜻에 맞는 漢字語한자어를 보기 에서 찾아 그 번호를 쓰세요.

보기
> ① 教育   ② 品目   ③ 自己   ④ 雲集

● 물품의 이름을 쓴 목록. ➡ (   )

[제시된 한자어와 뜻에 맞는 동음어 찾기]

6 다음 제시한 漢字語한자어와 뜻에 맞는 同音語동음어를 보기 에서 찾아 그 번호를 쓰세요.

보기
> ① 先頭   ② 夕陽   ③ 物産   ④ 幸福

● 石羊-(   ): 저녁때의 햇빛. 또는 저녁때의 저무는 해.
➡ (   )

[뜻과 음(소리)에 맞는 한자 쓰기]

7 다음 訓(훈: 뜻)과 音(음: 소리)을 가진 漢字語한자어를 쓰세요.

보기
> 본받을 **효** ➡ 效

● 다행 **행** ➡ (   )

01 다음 한자의 뜻과 음(소리)으로 알맞은 것을 찾아 선으로 이으세요.

 · ·  낳을 산

 · ·  기를 육

02 다음 ☐ 안에 들어갈 한자를 찾아 ○표 하세요.

하늘에 펼쳐진 夕 ☐ 노을이 아름답습니다.

 産   陽

03 다음 밑줄 친 한자어의 음(소리)을 쓰세요.

> 氣溫이 오르자 나뭇가지마다 꽃 망울이 맺힙니다.

➡ ( )

04 다음 ☐ 안에 들어갈 한자를 보기 에서 찾아 그 번호를 쓰세요.

보기
① 雨 ② 己 ③ 雲 ④ 溫

· ☐집: 구름처럼 모인다는 뜻으로, 많은 사람이 모여듦을 이르는 말.

➡ ( )

05 다음 뜻과 음(소리)에 해당하는 한자를 보기 에서 찾아 그 번호를 쓰세요.

보기
① 童 ② 養 ③ 充 ④ 兒

(1) 아이 아 ➡ ( )

(2) 기를 양 ➡ ( )

06 다음 설명 에 해당하는 한자어를 찾아 ◯표 하세요.

> **설명**
>
> 그 사람 자신.

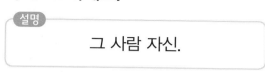

自己   物産

07 다음 한자의 뜻을 보기 에서 찾아 그 번호를 쓰세요.

> **보기**
>
> ① 별 ② 구름 ③ 복 ④ 비

(1) 陽 ➡ (   )

(2) 福 ➡ (   )

08 다음 뜻에 해당하는 한자어를 보기 에서 찾아 그 번호를 쓰세요.

> **보기**
>
> ① 部首   ② 愛情
> ③ 雨天   ④ 氣溫

● 사랑하는 마음.

➡ (   )

09 다음 밑줄 친 낱말에 해당하는 한자어를 보기 에서 찾아 그 번호를 쓰세요.

> **보기**
>
> ① 幸福   ② 雨天
> ③ 物産   ④ 充分

● 사랑하는 사람과 함께할 행복한 미래를 꿈꿉니다.

➡ (   )

10 다음 한자의 뜻과 음(소리)을 쓰세요.

> **보기**
>
> 效 ➡ 본받을 **효**

(1) 首 ➡ (   )

(2) 雨 ➡ (   )

1 ①~④에서 축제를 즐기고 있는 사람들의 마음을 나타낸 한자어를 찾아 그 음(소리)을 쓰세요.

→ ( )

2 위의 대화에서 ㉠의 뜻을 가진 한자어에 ○표 하고, 그 음(소리)을 쓰세요.

→ (物産 / 品目, 음(소리):)

창의·융합·코딩 전략②

코딩

1 '출발' 칸에서 명령어 대로 이동했을 때 도착 칸에 한자가 있으면 그 한자의 음(소리)을 차례대로 써서 낱말을 만드세요.

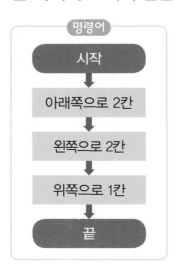

→ (   )

창의 융합

2 집합 A, B에 해당하는 한자를 보기 에서 찾아 쓰세요.

보기

目　　雲　　雨　　己　　溫　　首　　陽　　頭

집합 A
(날씨 관련 한자)

집합 B
(신체 관련 한자)

3 다음 글을 읽고, '아이를 보살펴서 자라게 함.'의 뜻을 가진 한자어를 찾아 그 음(소리)을 쓰세요.

> 우리들이 자라 성인이 되면 가정을 이루고, 아이를 낳아 <u>養育</u>을 합니다. 부모는 아이를 <u>愛情</u>을 담아 돌보며, 건강하게 자랄 수 있도록 힘씁니다. 이처럼 가정은 우리의 삶을 <u>幸福</u>하게 하고, 사회를 유지시키는 기본이 됩니다.

→ (   )

4 꿀벌이 한자 칸을 지날 때 보기 와 같이 해당 한자의 뜻에 따른 양 만큼 꿀을 모을 수 있다면, 각각 몇 g의 꿀을 모을 수 있는지 쓰세요.

보기

| 낳다=5g | 기르다=7g | 복=3g | 사랑=6g | 따뜻하다=2g | 아이=4g |

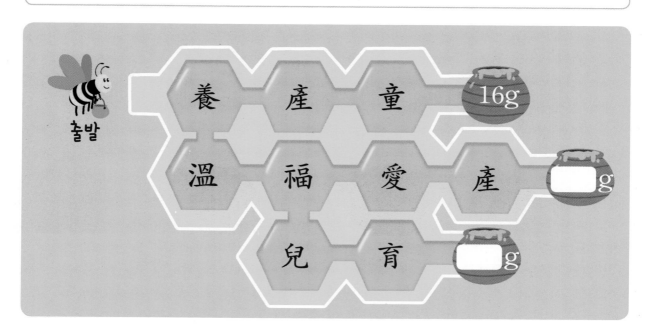

창의 융합

5 체육 시간에 달리기 시합을 하였습니다. 그림을 보고, 결승선과 가까운 순서대로 ( ) 안에 번호를 쓰세요.

충분	행복	선두	아동	애정
( )	( )	(1)	( )	( )

코딩

6 친구가 코딩을 하고 있습니다. 아래와 같이 입력했을 때 출력에서 ☐에 들어갈 한 자의 음(소리)을 쓰세요.

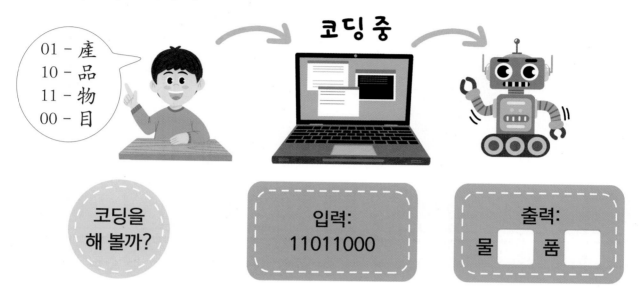

창의 융합

7 눈 앞에 나타난 개울을 건너려고 합니다. 보기 의 뜻에 해당하는 한자를 순서대로 찾아 선으로 이으며 징검다리를 건너세요.

보기

따뜻하다 → 사랑 → 눈 → 아이 → 행복

만화를 보고, 지금까지 배운 한자를 기억해 보세요.

1주 | 친구 한자

友 情 親 舊 相 關 約 束 德 敬 交 良 鮮 信 通 效

2주 | 양육/날씨/신체 한자

産 兒 養 育 童 充 愛 福 雨 雲 溫 陽 首 己 頭 目

친구 한자

1 바람이가 놀이터에서 친구들과 놀고 있습니다. 그림을 보고, 물음에 답하세요.

❶ 그림 속의 '친구'와 관련 있는 한자를 찾아 ○표 하고, 한자에 해당하는 뜻과 음 (소리)을 쓰세요. (2개)

● ▢ → (   )   ● ▢ → (   )

❷ 다음 (   ) 안에 들어갈 한자어를 바르게 나타낸 것을 찾아 ○표 하세요.

'친구 사이의 정'을 (   )(이)라고 해.

友情   事情

──── Tip ────────────────────────────────────
'友情'은 ❶▢▢▢▢, '事情'은 ❷▢▢▢▢(이)라고 읽어요.
──

답 ❶ 우정 ❷ 사정

친구 한자

2 다음은 놀이터에서 만난 두 친구의 대화입니다. 대화를 읽고, 물음에 답하세요.

❶ 두 친구의 대화에 나타난 한자어의 음(소리)을 쓰세요.

- 關心 ➡ ( )
- 約束 ➡ ( )

❷ 두 친구의 대화에 나타난 한자어의 뜻을 찾아 선으로 이으세요.

約束	·	·	어떤 것에 마음이 끌려 주의를 기울임.
關心	·	·	다른 사람과 앞으로의 일을 어떻게 할 것인가를 미리 정하여 둠.

 ---

'約'은 '맺다', ❶ ☐ 은 '묶다', ❷ ☐ 은 '관계하다'를 뜻하는 한자입니다.

답 ❶ 束 ❷ 關

양육 한자

3 바람이가 동생과 함께 문방구점에 갑니다. 그림을 보고, 물음에 답하세요

① 안내문의 밑줄 친 한자어의 음(소리)을 보기 에서 찾아 그 번호를 쓰세요.

> 보기
> ① 아이   ② 아동   ③ 운동   ④ 친구

- 兒童 → (   )

② 문방구점에서 판매 중인 상품을 찾아 ∨표 하세요.

☐ 성인용 운동화   ☐ 유아 물산 도서   ☐ 유아 양육 도서

Tip

'養育'은 '아이를 보살펴서 자라게 함.'을 뜻하고, ☐(이)라고 읽습니다.

답 양육

▶정답 8쪽

날씨/신체 한자

4 미정이가 아파서 침대에 누워 있습니다. 다음 순서도를 보고, 물음에 답하세요.

미정이의 몸 상태

㉠ 어제 비를 맞으며 놀았더니 머리가 아프고, 몸에도 열이 있다.
㉡ 눈이 부었고, 약간 피곤하다.

㉠이면 병원에 가서 진료를 받는다.
㉡이면 집에서 안정을 취하고 편히 쉰다.

❶ 미정이가 병원에 갔습니다. 그 원인은 무엇일지 [보기] 에서 관련 한자를 찾아 그 번호를 쓰세요.

보기

① 雨   ② 雲   ③ 陽   ④ 溫

● ㉠의 원인 ➡ (　　　　　　　)

❷ 다음 대화를 읽고, 밑줄 친 말에 해당하는 한자를 [보기] 에서 찾아 그 번호를 □ 안에 쓰세요.

보기

① 己   ② 充   ③ 目   ④ 頭

미정: 엄마, 머리 □ 가 아파요. 몸 □ 에 열도 있고요.

엄마: 그래, 병원에 가서 진료를 받아야겠다. 눈 □ 도 부었구나.

Tip
'머리'를 뜻하는 한자는 ❶ □, '몸'을 뜻하는 한자는 ❷ □, '눈'을 뜻하는 한자는 ❸ □ 입니다.

답 ❶ 頭 ❷ 己 ❸ 目

[문제 01~04] 다음 밑줄 친 漢字語한자어의 讀音(독음: 읽는 소리)을 쓰세요.

　　오늘은 01**親舊**와 함께 미술 전시회에 갔습니다. 평소 미술에 02**關心**이 많았던 터여서 특색 있게 전시된 여러 갈래의 그림들을 흥미롭게 살펴볼 수 있었습니다. 그리고 친구와도 03**友情**을 나눌 수 있어서 좋았습니다. 다음 주에는 다른 친구들과 함께 놀이공원에 가기로 04**約束**했습니다.

01 親舊 ➡ (　　　　　　)

02 關心 ➡ (　　　　　　)

03 友情 ➡ (　　　　　　)

04 約束 ➡ (　　　　　　)

[문제 05~08] 다음 漢字한자의 訓(훈: 뜻)과 音(음: 소리)을 쓰세요.

보기

客 ➡ 손 객

05 鮮 ➡ (   )

06 通 ➡ (   )

07 相 ➡ (   )

08 良 ➡ (   )

[문제 09~10] 다음 문장의 밑줄 친 漢字語_{한자어}를 漢字_{한자}로 쓰세요.

[문제 11~12] 다음 訓(훈: 뜻)과 音(음: 소리)을 가진 漢字_{한자}를 쓰세요.

09 거짓말을 자주 하면 <u>신용</u>을 잃습니다.
→ (　　　　　)

11 믿을 신 → (　　　　　)

10 할아버지께서 <u>동심</u>으로 돌아간 듯 즐거워하셨습니다.
→ (　　　　　)

12 대할 대 → (　　　　　)

▶정답 8쪽

[문제 13~14] 다음 뜻에 맞는 漢字語_{한자어}를 보기 에서 찾아 그 번호를 쓰세요.

보기

① 人情　　② 友情
③ 相對　　④ 道德

13 마땅히 지켜야 할 행동 준칙이나 규범.
➡ (　　　　)

14 사람이 본래 가지고 있는 감정이나 심정.
➡ (　　　　)

[문제 15~16] 다음 漢字_{한자}의 짙게 표시된 획은 몇 번째 쓰는 획인지 보기 에서 찾아 그 번호를 쓰세요.

보기

① 두 번째　　② 세 번째
③ 네 번째　　④ 다섯 번째

15  (　　　)

16  (　　　)

6단계 B 전편　**87**

[문제 01~04] 다음 밑줄 친 漢字語한자어의 讀音(독음: 읽는 소리)을 쓰세요.

엄마와 함께 시장에 갔습니다. 가게마다 쌓아 놓은 많은 01品目의 물건들을 둘러보고 있는데, 갑작스러운 02雨天으로 사람들이 물건을 다시 가게 안으로 들여놓느라 정신이 없습니다. 03氣溫마저 뚝 떨어져 사람들로 붐비던 시장이 이내 한산해졌습니다. 저녁이 되어 비가 그치자, 산 너머 서쪽 하늘에 04夕陽 노을이 붉게 타올랐습니다.

01 品目 → (   )

02 雨天 → (   )

03 氣溫 → (   )

04 夕陽 → (   )

[문제 05~08] 다음 漢字한자의 訓(훈: 뜻)과 音(음: 소리)을 쓰세요.

鮮 ➡ 고울 **선**

05 雲 ➡ (   )

06 頭 ➡ (   )

07 充 ➡ (   )

08 福 ➡ (   )

[문제 09~10] 다음 문장의 밑줄 친 漢字語 한자어를 漢字한자로 쓰세요.

09 우리는 선생님의 <u>교육</u>을 통해서 지식과 기술을 배웁니다.
→ (   )

[문제 11~12] 다음 訓(훈: 뜻)과 音(음: 소리)을 가진 漢字한자를 쓰세요.

11 기를 육 → (   )

10 옛 사람들은 큰일을 앞두고 <u>천기</u>를 살폈습니다.
→ (   )

12 아이 동 → (   )

[문제 13~14] 다음 뜻에 맞는 漢字語_{한자어}를 에서 찾아 그 번호를 쓰세요.

보기

① 雨天　　② 氣溫
③ 夕陽　　④ 先頭

[문제 15~16] 다음 漢字_{한자}의 짙게 표시된 획은 몇 번째 쓰는 획인지 에서 찾아 그 번호를 쓰세요.

보기

① 두 번째　　② 네 번째
③ 여섯 번째　　④ 여덟 번째

13 대기의 온도. ➜ (　　　　　)

15

産 (　　　　　)

14 대열이나 행렬, 활동 따위에서 맨 앞.
➜ (　　　　　)

16

目 (　　　　　)

교과 학습 한자어 | 01 |

개 량

| 고칠 개 | 어질 량 |

> 벼의 품종을 改良(개량)하여 수확량을 늘리는 방법을 연구하고 있습니다.

뜻 나쁜 점을 보완하여 더 좋게 고침.

심화 한자 **1** 부수 攴(攵) | 총 7획

改
고칠 개

'고치다'나 '바꾸다'를 뜻하는 한자예요. '己(몸 기)'와 '攵(칠 복)'이 합쳐져서 '잘못을 바로잡는다'라는 뜻을 나타내게 되었어요.

| 改 | 改 | | |
| 고칠 개 | 고칠 개 | | |

쓰는 순서 ㄱ ㄱ 己 己 改 改 改

교과 학습 한자어 | 02 |

열 정

| 더울 열 | 뜻 정 |

> 그녀는 하루도 빠지지 않고 피아노를 연습할 정도로 음악에 대한 熱情(열정)이 넘칩니다.

뜻 어떤 일에 열렬한 애정을 가지고 열중하는 마음.

심화 한자 **2** 부수 火(灬) | 총 15획

熱
더울 열

'덥다', '더워지다'를 뜻하는 한자예요. 불의 기세가 매우 거센 모습에서 나중에 '매우 덥다'를 뜻하게 되었어요.

| 熱 | 熱 | | |
| 더울 열 | 더울 열 | | |

쓰는 순서 一 十 土 ㄎ 圥 坴 幸 圶 刲 埶 埶 熱 熱 熱 熱

수 도

首	都
머리 수	도읍 도

뜻 한 나라의 중앙 정부가 있는 도시.

> 서울은 대한민국의 首都(수도)로 정치·경제·문화의 중심지입니다.

심화 한자 3 부수 邑(阝) | 총 12획

都
도읍 도

'도읍'이나 '도시'를 뜻하는 한자예요. 물가를 끼고 있는 도읍을 표현했어요.

都	都			
도읍 도	도읍 도			

쓰는 순서 一 十 土 耂 耂 耂 者 者 者 者ʼ 都 都

축 복

祝	福
빌 축	복 복

뜻 행복을 빎. 또는 그 행복.

> 멀리 떠나는 친구에게 祝福(축복)의 말을 전해 주었습니다.

심화 한자 4 부수 示 | 총 10획

祝
빌 축

'빌다'나 '기원하다'를 뜻하는 한자예요. 무릎을 꿇고 축문을 읽으며 신에게 기원한다는 의미에서 '빌다'를 뜻하게 되었어요.

祝	祝			
빌 축	빌 축			

쓰는 순서 一 二 亍 亍 示 示 祀 祀 祝 祝

교과 학습 한자어 | 05

상 사

相	思
서로 상	생각 사

뜻 서로 생각하고 그리워함.

> 소년은 소녀를 그리워 하다 그만 相思(상사)병에 걸리고 말았습니다.

심화 한자 **5** 부수 心 | 총 9획

思

생각 사

'생각'이나 '심정', '정서'를 뜻하는 한자예요. 머리나 가슴으로 사물을 생각하는 모습을 '田(밭 전)'과 '心(마음 심)'으로 표현했어요.

思	思		
생각 사	생각 사		

쓰는 순서 ㅣ 冂 曰 囲 田 甲 思 思 思

---

1 다음 설명 에 해당하는 한자어를 찾아 ○표 하세요.

설명

나쁜 점을 보완하여 더 좋게 고침.

良心

改良

2 다음 뜻에 해당하는 한자어를 찾아 선으로 이으세요.

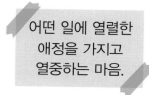

어떤 일에 열렬한
애정을 가지고
열중하는 마음.

· ◀ 無情

· ◀ 熱情

3 다음 힌트 를 보고 알맞은 글자를 써넣으세요.

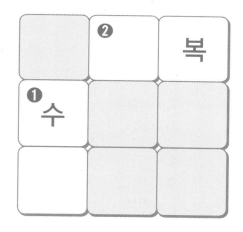

힌트
❶ 한 나라의 중앙 정부가 있는 도시.
❷ 행복을 빎. 또는 그 행복.

4 다음 문장의 내용이 맞으면 '예', 틀리면 '아니요'에 ○표 하세요.

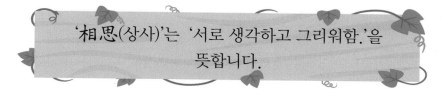

'相思(상사)'는 '서로 생각하고 그리워함.'을
뜻합니다.

예   아니요

전편을 모두 공부하느라
수고 많았어요!

쑥쑥 오른 한자 실력으로
어려운 문제도 척척 풀 수 있을 거예요.

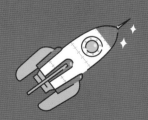

이제는 후편을 공부하며
차근차근 한자 실력을 길러 볼까요?

어떤 한자가 우리를 기다리고 있을지
준비, 출발!

한자
전략

6단계 B 5급 II ②

후편

이 책의 **차례**

■ 은 6단계 B 전편 학습 한자, ■ 은 후편 학습 한자입니다.

ㄱ									
價	家	歌	各	角	間	感	强	江	開
값 가	집 가	노래 가	각각 각	뿔 각	사이 간	느낄 감	강할 강	강 강	열 개
客	車	格	見	決	結	敬	京	計	界
손 객	수레 거|수레 차	격식 격	볼 견|뵈올 현	결단할 결	맺을 결	공경 경	서울 경	셀 계	지경 계
告	高	苦	古	功	公	空	工	共	課
고할 고	높을 고	쓸 고	예 고	공 공	공평할 공	빌 공	장인 공	한가지 공	공부할/과정 과
科	過	果	觀	關	廣	光	交	敎	校
과목 과	지날 과	실과 과	볼 관	관계할 관	넓을 광	빛 광	사귈 교	가르칠 교	학교 교
具	球	區	九	舊	口	局	國	郡	軍
갖출 구	공 구	구분할/지경 구	아홉 구	예 구	입 구	판 국	나라 국	고을 군	군사 군
根	近	今	金	急	級	基	己	旗	記
뿌리 근	가까울 근	이제 금	쇠 금|성 김	급할 급	등급 급	터 기	몸 기	기 기	기록할 기
氣	男	南	內	女	年	念	農	能	多
기운 기	사내 남	남녘 남	안 내	여자 녀	해 년	생각 념	농사 농	능할 능	많을 다
團	短	答	當	堂	代	對	待	大	德
둥글 단	짧을 단	대답 답	마땅 당	집 당	대신할 대	대할 대	기다릴 대	큰 대	큰 덕
圖	道	度	到	讀	獨	冬	洞	東	童
그림 도	길 도	법도 도|헤아릴 탁	이를 도	읽을 독|구절 두	홀로 독	겨울 동	골 동|밝을 통	동녘 동	아이 동
動	同	頭	等	登	樂	朗	來	良	旅
움직일 동	한가지 동	머리 두	무리 등	오를 등	즐길 락|노래 악|좋아할 요	밝을 랑	올 래	어질 량	나그네 려

歷	力	練	例	禮	路	老	勞	綠	類
지날 력	힘 력	익힐 련	법식 례	예도 례	길 로	늙을 로	일할 로	푸를 록	무리 류
流	陸	六	理	里	李	利	林	立	萬
흐를 류	뭍 륙	여섯 륙	다스릴 리	마을 리	오얏/성 리	이할 리	수풀 림	설 립	일만 만
望	每	面	命	明	名	母	目	木	文
바랄 망	매양 매	낯 면	목숨 명	밝을 명	이름 명	어머니 모	눈 목	나무 목	글월 문
聞	門	問	物	米	美	民	朴	班	反
들을 문	문 문	물을 문	물건 물	쌀 미	아름다울 미	백성 민	성 박	나눌 반	돌이킬/돌아올 반
半	發	放	方	百	白	番	法	變	別
반 반	필 발	놓을 방	모 방	일백 백	흰 백	차례 번	법 법	변할 변	다를/나눌 별
兵	病	福	服	本	奉	部	夫	父	北
병사 병	병 병	복 복	옷 복	근본 본	받들 봉	떼 부	지아비 부	아버지 부	북녘 북/달아날 배
分	不	四	社	史	士	仕	事	死	使
나눌 분	아닐 불	넉 사	모일 사	사기 사	선비 사	섬길 사	일 사	죽을 사	하여금/부릴 사
産	算	山	三	商	相	上	色	生	書
낳을 산	셈 산	메 산	석 삼	장사 상	서로 상	윗 상	빛 색	날 생	글 서
西	石	席	夕	鮮	先	仙	線	雪	說
서녘 서	돌 석	자리 석	저녁 석	고울 선	먼저 선	신선 선	줄 선	눈 설	말씀 설/달랠 세
省	姓	性	成	洗	歲	世	所	消	小
살필 성/덜 생	성 성	성품 성	이룰 성	씻을 세	해 세	인간 세	바 소	사라질 소	작을 소

少	束	速	孫	首	樹	手	數	水	宿
적을 소	묶을 속	빠를 속	손자 손	머리 수	나무 수	손 수	셈 수	물 수	잘 숙ㅣ별자리 수
順	術	習	勝	時	始	市	食	式	植
순할 순	재주 술	익힐 습	이길 승	때 시	비로소 시	저자 시	밥/먹을 식	법 식	심을 식
識	臣	神	身	信	新	實	失	室	心
알 식	신하 신	귀신 신	몸 신	믿을 신	새 신	열매 실	잃을 실	집 실	마음 심
十	兒	惡	安	愛	夜	野	約	藥	弱
열 십	아이 아	악할 악ㅣ미워할 오	편안 안	사랑 애	밤 야	들 야	맺을 약	약 약	약할 약
養	陽	洋	語	言	業	然	永	英	午
기를 양	볕 양	큰바다 양	말씀 어	말씀 언	업 업	그럴 연	길 영	꽃부리 영	낮 오
五	溫	王	外	要	勇	用	友	雨	右
다섯 오	따뜻할 온	임금 왕	바깥 외	요긴할 요	날랠 용	쓸 용	벗 우	비 우	오를/오른(쪽) 우
雲	運	園	遠	元	月	偉	油	由	有
구름 운	옮길 운	동산 원	멀 원	으뜸 원	달 월	클 위	기름 유	말미암을 유	있을 유
育	銀	飮	音	邑	意	衣	醫	二	以
기를 육	은 은	마실 음	소리 음	고을 읍	뜻 의	옷 의	의원 의	두 이	써 이
人	任	一	日	入	字	者	自	子	昨
사람 인	맡길 임	한 일	날 일	들 입	글자 자	사람 자	스스로 자	아들 자	어제 작
作	章	長	場	在	材	財	才	的	電
지을 작	글 장	긴 장	마당 장	있을 재	재목 재	재물 재	재주 재	과녁 적	번개 전

典	戰	前	全	傳	展	切	節	店	情
법 전	싸움 전	앞 전	온전 전	전할 전	펼 전	끊을 절|온통 체	마디 절	가게 점	뜻 정
庭	正	定	弟	題	第	調	朝	祖	族
뜰 정	바를 정	정할 정	아우 제	제목 제	차례 제	고를 조	아침 조	할아버지 조	겨레 족
足	卒	種	左	州	週	晝	注	主	住
발 족	마칠 졸	씨 종	왼 좌	고을 주	주일 주	낮 주	부을 주	임금/주인 주	살 주
中	重	知	地	紙	直	質	集	着	參
가운데 중	무거울 중	알 지	땅 지	종이 지	곧을 직	바탕 질	모을 집	붙을 착	참여할 참
窓	責	川	千	天	淸	靑	體	草	寸
창 창	꾸짖을 책	내 천	일천 천	하늘 천	맑을 청	푸를 청	몸 체	풀 초	마디 촌
村	秋	春	出	充	親	七	太	宅	土
마을 촌	가을 추	봄 춘	날 출	채울 충	친할 친	일곱 칠	클 태	집 택	흙 토
通	特	八	便	平	表	品	風	必	筆
통할 통	특별할 특	여덟 팔	편할 편|똥오줌 변	평평할 평	겉 표	물건 품	바람 풍	반드시 필	붓 필
下	夏	學	韓	漢	合	海	害	行	幸
아래 하	여름 하	배울 학	한국/나라 한	한수/한나라 한	합할 합	바다 해	해할 해	다닐 행|항렬 항	다행 행
向	現	形	兄	號	畵	花	化	話	火
향할 향	나타날 현	모양 형	형 형	이름 호	그림 화|그을 획	꽃 화	될 화	말씀 화	불 화
和	活	黃	會	效	孝	後	訓	休	凶
화할 화	살 활	누를 황	모일 회	본받을 효	효도 효	뒤 후	가르칠 훈	쉴 휴	흉할 흉

모임 한자

나 주말에 환경 보호 행사에 참여해서[參] 아빠랑 달리기도 하고 쓰레기도 주웠어.

와! 선생님이 수업 시간에 말씀해[說] 주신 적이 있었어. 나도 해 보고 싶은걸?

그럼 우리 함께 쓰레기를 주우며 환경을 보호하는 모임[團]을 만들어 볼까?

좋아! 우리가 힘을 합하면[合] 지구가 덜 아파할 거야.

GOOD

쓰레기를 주워서 반드시[必] 지구가 다시 깨끗해지도록 하겠어!

❶ 參 참여할 **참** ❷ 團 둥글 **단** ❸ 合 합할 **합** ❹ 偉 클 **위** ❺ 旅 나그네 **려** ❻ 兵 병사 **병**

❼ 部 떼 **부** ❽ 類 무리 **류** ❾ 奉 받들 **봉** ❿ 仕 섬길 **사** ⓫ 責 꾸짖을 **책** ⓬ 任 맡길 **임**

⓭ 必 반드시 **필** ⓮ 要 요긴할 **요** ⓯ 特 특별할 **특** ⓰ 說 말씀 **설**|달랠 **세**

점선 위로 겹쳐서 한자를 써 보세요.

연한 글씨 위로 겹쳐서 한자를 따라 써 보세요.

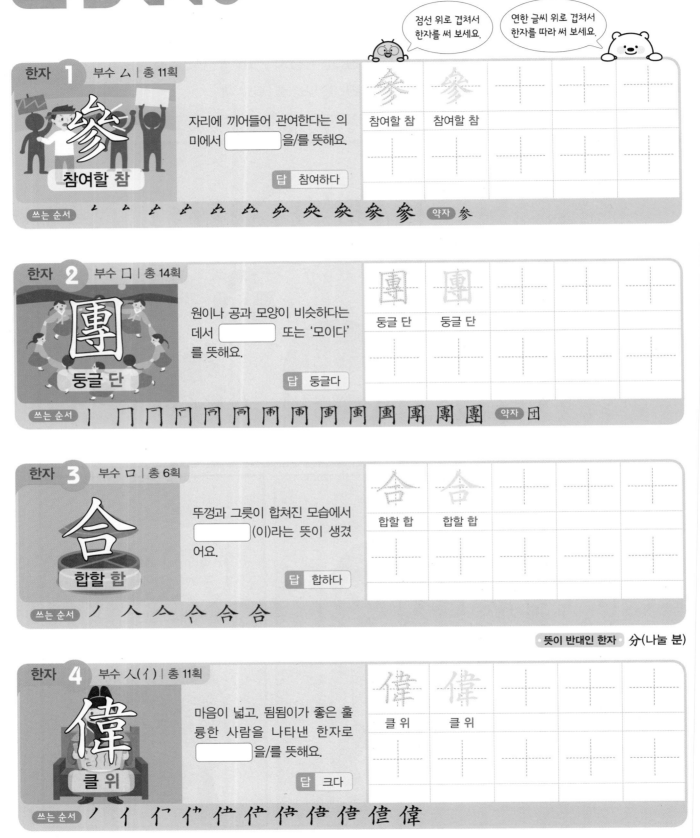

한자 1 부수 厶 | 총 11획

參
참여할 참

자리에 끼어들어 관여한다는 의미에서 [ ]을/를 뜻해요.

답 참여하다

參 | 參
참여할 참 | 참여할 참

쓰는 순서 ' ` ㄴ ㄴ 뇨 쇼 쇼 쑈 쑈 쑈 參 參   약자 参

한자 2 부수 囗 | 총 14획

團
둥글 단

원이나 공과 모양이 비슷하다는 데서 [ ] 또는 '모이다'를 뜻해요.

답 둥글다

團 | 團
둥글 단 | 둥글 단

쓰는 순서 丨 冂 冂 冋 冋 冋 同 圃 圃 圃 圃 團 團 團   약자 団

한자 3 부수 口 | 총 6획

合
합할 합

뚜껑과 그릇이 합쳐진 모습에서 [ ](이)라는 뜻이 생겼어요.

답 합하다

合 | 合
합할 합 | 합할 합

쓰는 순서 ノ 人 人 今 合 合

뜻이 반대인 한자 分(나눌 분)

한자 4 부수 人(亻) | 총 11획

偉
클 위

마음이 넓고, 됨됨이가 좋은 훌륭한 사람을 나타낸 한자로 [ ]을/를 뜻해요.

답 크다

偉 | 偉
클 위 | 클 위

쓰는 순서 ノ 亻 亻 亻 俨 俨 俨 倬 偉 偉 偉

1 한자 '참여할 참'과 '둥글 단'만 지나가며 놀이공원에 도착하세요.

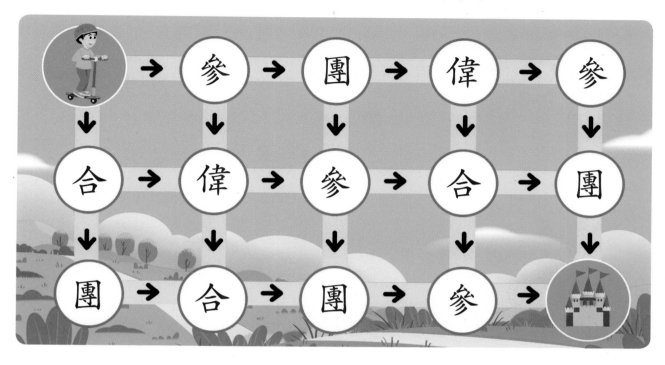

2 한자 '合'의 음(소리)이 쓰인 카드에는 ○표, '偉'의 뜻이 쓰인 카드에는 ☆표 하세요.

점선 위로 겹쳐서 한자를 써 보세요.

연한 글씨 위로 겹쳐서 한자를 따라 써 보세요.

한자 5 부수 方 | 총 10획

旅
나그네 려

정처 없이 이곳저곳을 떠도는 사람을 나타내는 한자로 □□□을/를 뜻해요.

답 나그네

旅 나그네 려　旅 나그네 려

쓰는 순서 ` 一 亠 方 方 方 㫃 旅 旅 旅

한자 6 부수 八 | 총 7획

兵
병사 병

양손에 무기를 들고 있는 모습에서 □□□(이)나 '무기'를 뜻해요.

답 병사

兵 병사 병　兵 병사 병

쓰는 순서 ` ㄷ ㄸ 斤 丘 乒 兵

한자 7 부수 邑(阝) | 총 11획

部
떼 부

고을 사람들이 무리 지어 살았다는 데서 □□을/를 뜻해요.

답 떼

部 떼 부　部 떼 부

쓰는 순서 ` 一 亠 六 立 产 咅 咅 咅 部 部

한자 8 부수 頁 | 총 19획

類
무리 류

'비슷한 개들이 모여 있다'라는 데서 □□을/를 뜻해요.

답 무리

類 무리 류　類 무리 류

쓰는 순서 ` 丷 半 半 米 米 米 米 类 类 类 類 類 類 類 類 類 類 類

3 티셔츠에 적힌 한자의 음(소리)을 바르게 말한 사람을 모두 찾아 ○표 하세요.

4 다음 한자의 뜻과 음(소리)으로 알맞은 것을 찾아 선으로 이으세요

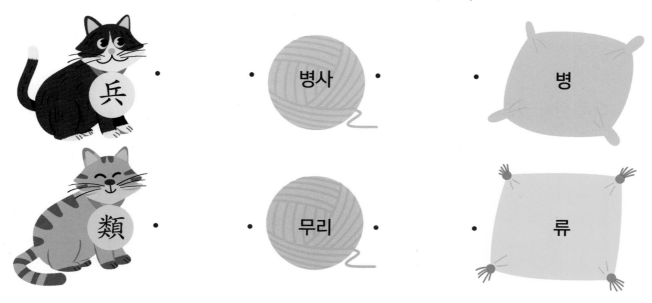

1 다음 한자의 뜻과 음(소리)으로 알맞은 것을 찾아 ○표 하세요.

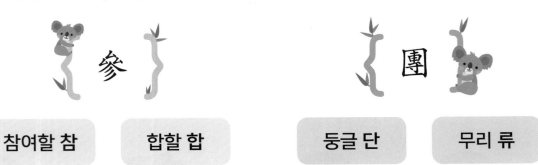

| 참여할 참 | 합할 합 | 둥글 단 | 무리 류 |

2 다음 한자의 뜻과 음(소리)으로 알맞은 것을 찾아 선으로 이으세요.

部 •　　•　합하다　•　　• 부

合 •　　•　때　•　　• 합

3 다음 한자 카드에 들어갈 뜻과 음(소리)을 쓰세요.

4 다음 한자의 뜻과 음(소리)을 쓰세요.

兵 ☐을/를 뜻하고, ☐(이)라고 읽습니다.

合 ☐을/를 뜻하고, ☐(이)라고 읽습니다.

5 다음 한자의 뜻과 음(소리)을 보기 에서 찾아 그 번호를 쓰세요.

보기
① 무리 류   ② 참여할 참   ③ 클 위   ④ 나그네 려

(1) 參 ➡ (   )

(2) 類 ➡ (   )

6 다음 한자판에서 설명 에 해당하는 한자를 찾아 ○표 하세요.

兵	合	旅
類	參	團
部	偉	軍

설명
뜻은 '병사'이고 음(소리)은 '병'인 한자.

점선 위로 겹쳐서 한자를 써 보세요.

연한 글씨 위로 겹쳐서 한자를 따라 써 보세요.

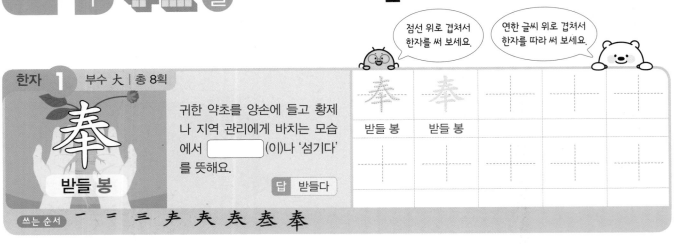

한자 1 부수 大 | 총 8획

奉 받들 봉

귀한 약초를 양손에 들고 황제나 지역 관리에게 바치는 모습에서 〔 〕(이)나 '섬기다'를 뜻해요.

답 받들다

받들 봉   받들 봉

쓰는 순서 一 二 三 丰 夫 夫 耒 奉

한자 2 부수 人(亻) | 총 5획

仕 섬길 사

윗사람을 잘 모시어 받든다는 의미에서 〔 〕을/를 뜻해요.

답 섬기다

섬길 사   섬길 사

쓰는 순서 丿 亻 仁 什 仕

한자 3 부수 貝 | 총 11획

責 꾸짖을 책

빌려준 돈을 갚지 못하면 책망을 당한다는 의미에서 〔 〕(이)나 '나무라다'를 뜻해요.

답 꾸짖다

꾸짖을 책   꾸짖을 책

쓰는 순서 一 二 三 キ 丰 丰 青 青 青 責 責

한자 4 부수 人(亻) | 총 6획

任 맡길 임

등에 무언가를 짊어진 사람의 모습을 그린 한자로 어떠한 직책을 〔 〕(이)라는 뜻이 생겼어요.

답 맡기다(맡다)

맡길 임   맡길 임

쓰는 순서 丿 亻 仁 仁 任 任

1 한자 '받들 봉'과 '섬길 사'를 <u>모두</u> 찾아 ○표 하세요.

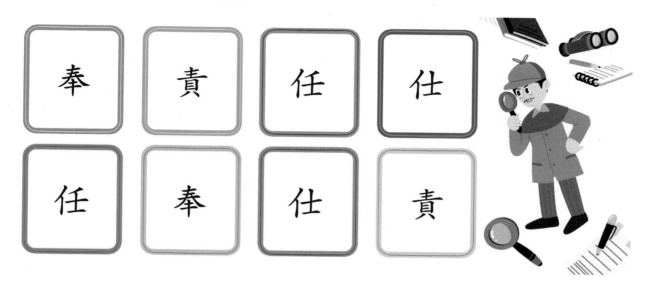

奉	責	任	仕
任	奉	仕	責

2 다음 한자의 뜻과 음(소리)으로 알맞은 것을 찾아 선으로 이으세요.

맡길 임

꾸짖을 책

責

任

점선 위로 겹쳐서 한자를 써 보세요.

연한 글씨 위로 겹쳐서 한자를 따라 써 보세요.

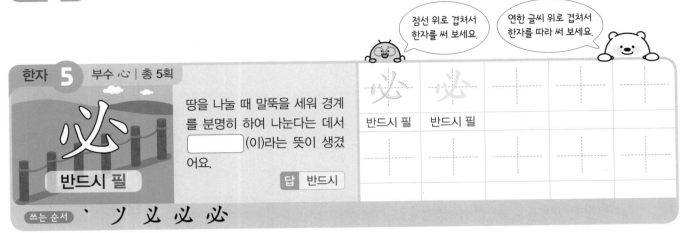

한자 5 부수 心 | 총 5획

必
반드시 필

땅을 나눌 때 말뚝을 세워 경계를 분명히 하여 나눈다는 데서 ☐☐☐(이)라는 뜻이 생겼어요.

답 반드시

반드시 필　반드시 필

쓰는 순서 ` 丿 少 必 必

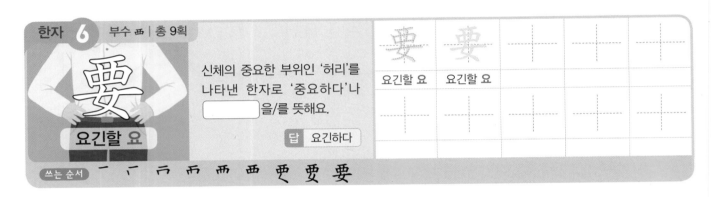

한자 6 부수 襾 | 총 9획

要
요긴할 요

신체의 중요한 부위인 '허리'를 나타낸 한자로 '중요하다'나 ☐☐을/를 뜻해요.

답 요긴하다

요긴할 요　요긴할 요

쓰는 순서 一 ㄇ 冂 币 襾 襾 覀 要 要

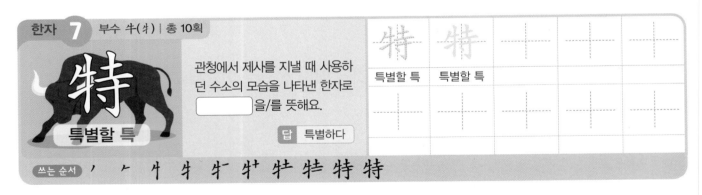

한자 7 부수 牛(牜) | 총 10획

特
특별할 특

관청에서 제사를 지낼 때 사용하던 수소의 모습을 나타낸 한자로 ☐☐을/를 뜻해요.

답 특별하다

특별할 특　특별할 특

쓰는 순서 丿 𠂉 牛 牛 牜 牜 牨 特 特 特

한자 8 부수 言 | 총 14획

說
말씀 설|달랠 세

누군가에게 웃으며 말을 건네는 모습에서 ❶☐☐ 또는 ❷☐☐을/를 뜻하게 되었어요.

답 ❶ 말씀 ❷ 달래다

말씀 설|달랠 세 말씀 설|달랠 세

쓰는 순서 ` 亠 ㄧ ㄩ 言 言 言 言 言 訪 診 說 說 說

3 다음 한자의 뜻과 음(소리)으로 알맞은 것을 찾아 선으로 이으세요.

4 다음 뜻과 음(소리)에 해당하는 한자를 찾아 ○표 하세요.

특별할 특

말씀 설|
달랠 세

必

特

說

要

1 다음 한자의 뜻과 음(소리)으로 알맞은 것을 찾아 선으로 이으세요.

要 •

任 •

• 요긴할 요   • 받을 봉   • 특별할 특   • 맡길 임

2 다음 문장의 내용이 맞으면 '예', 틀리면 '아니요'에 ◯표 하세요.

'責'의
뜻과 음(소리)은
'꾸짖을 책'입니다.

예

아니요

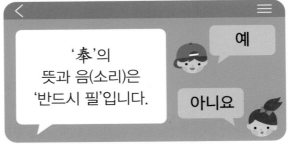

'奉'의
뜻과 음(소리)은
'반드시 필'입니다.

예

아니요

3 다음 뜻과 음(소리)에 해당하는 한자를 찾아 ◯표 하세요.

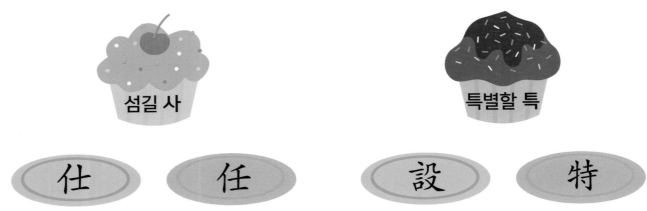

섬길 사

仕   任

특별할 특

設   特

4 다음 뜻과 음(소리)에 해당하는 한자를 보기 에서 찾아 그 번호를 쓰세요.

> **보기**
> ① 必 　　　② 奉 　　　③ 說 　　　④ 責

(1) 말씀 설|달랠 세 ➡ (　　　　　)

(2) 반드시 필 ➡ (　　　　　)

5 다음 한자의 뜻과 음(소리)으로 알맞은 것을 찾아 ∨표 하세요.

奉　　　☐ 받들 봉　　　☐ 꾸짖을 책　　　☐ 섬길 사

6 친구들이 들고 있는 한자의 뜻과 음(소리)을 보기 에서 찾아 그 번호를 쓰세요.

> **보기**
> ① 섬길 사 　　　② 꾸짖을 책 　　　③ 요긴할 요 　　　④ 반드시 필

대표 한자어 01

참 석

參	席
참여할 참	자리 석

뜻 모임이나 회의와 같은 자리에 참여함.

동 참

同	參
같을 동	참여할 참

뜻 어떤 모임이나 일에 같이 참여함.

사람들은 다양한 봉사 활동 모임에 參席(참석)하는구나.

나도 식물을 키우는 일에 同參(동참)하고 있어!

대표 한자어 02

위 대

偉	大
클 위	큰 대

뜻 우러러볼 만큼 매우 훌륭한 모습을 이르는 말.

어머니의 사랑은 정말로 偉大(위대)해.

대표 한자어 03

병 력

兵	力
병사 병	힘 력

뜻 군대의 힘. 또는 군대의 수.

우리나라 兵力(병력)의 규모가 세계 10위 안에 든다고 해.

항상 널 응원해!

대표 한자어 04

여행

旅	行
나그네 려	다닐 행

뜻 집을 떠나 이곳저곳을 두루 구경하며 다니는 일.

세계 旅行(여행)은 내 꿈이야.

참고 '旅'가 낱말의 맨 앞에 올 때는 '여'라고 읽어요.

대표 한자어 05

전부

全	部
온전 전	떼 부

뜻 무엇의 일부분이 아닌 모두.

참 잘했어요 ♡

칭찬 도장을 全部(전부) 모아서 기분이 좋아.

대표 한자어 06

단체

團	體
둥글 단	몸 체

뜻 여러 사람이 모여서 이룬 무리.

단합

團	合
둥글 단	합할 합

뜻 많은 사람들이 마음과 힘을 한데 뭉침.

체육 대회에서는 團體(단체) 경기가 가장 재미있어!

이번에는 우리 團合(단합)하여서 우승해 보자!

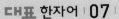
대표 한자어 | 07 |

종 류

種	類
씨 종	무리 류

뜻 어떤 기준에 따라 여러 가지 사물을 나눈 갈래.

부 류

部	類
떼 부	무리 류

뜻 서로 공통된 성질을 가진 사람이나 사물의 무리.

대표 한자어 | 08 |

필 요

必	要
반드시 필	요긴할 요

뜻 꼭 있어야 하거나 갖추어야 할 것.

대표 한자어 | 09 |

특 색

特	色
특별할 특	빛 색

뜻 다른 것과 견주어 특별히 다른 점.

대표 한자어 10

봉사

奉	仕
받들 봉	섬길 사

뜻 자기 이익을 생각하지 않고 남을 위하여 일하는 것.

친구와 함께 奉仕(봉사)하니 더욱 즐거워.

대표 한자어 11

책 임

責	任
꾸짖을 책	맡길 임

뜻 꼭 하기로 하고 맡은 일. 또는 어떤 일에서 생긴 손해를 감당할 의무.

우리는 지구를 보호해야 할 責任(책임)이 있어.

대표 한자어 12

전 설

傳	說
전할 전	말씀 설[달랠 세]

뜻 오래전부터 전하여 내려오는 이야기.

설 명

說	明
말씀 설[달랠 세]	밝을 명

뜻 어떤 사실에 대하여 남이 잘 이해할 수 있도록 하는 말.

우리가 사는 지역에 재미있는 傳說(전설)이 있대.

오, 어떤 내용인지 說明(설명)해 줄 수 있니?

1 다음 뜻에 해당하는 한자어를 찾아 ∨표 하세요.

집을 떠나 이곳저곳을
두루 구경하며
다니는 일.

☐ 說明

☐ 旅行

Tip
'旅'는 ☐ 을/를 뜻하는 한자로, '여행'이라는
뜻도 가지고 있습니다.
탑 나그네

2 다음 한자어의 음(소리)으로 알맞은 것을 찾아 선으로 이으세요.

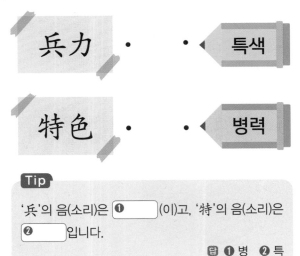

兵力 •   • 특색

特色 •   • 병력

Tip
'兵'의 음(소리)은 ❶ ☐ (이)고, '特'의 음(소리)은
❷ ☐ 입니다.
탑 ❶ 병 ❷ 특

3 다음 문장의 내용이 맞으면 '예', 틀리면 '아니요'에 ○표 하세요.

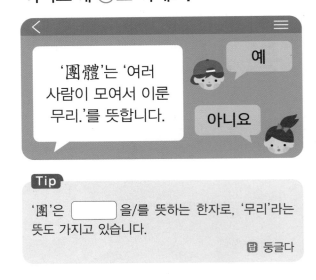

'團體'는 '여러
사람이 모여서 이룬
무리.'를 뜻합니다.

예

아니요

Tip
'團'은 ☐ 을/를 뜻하는 한자로, '무리'라는
뜻도 가지고 있습니다.
탑 둥글다

4 다음 설명에 해당하는 한자어를 찾아 ∨표 하세요.

설명
우러러볼 만큼 매우
훌륭한 모습을 이르는 말.

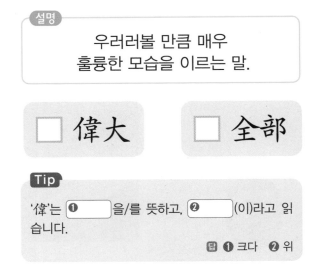

☐ 偉大   ☐ 全部

Tip
'偉'는 ❶ ☐ 을/를 뜻하고, ❷ ☐ (이)라고 읽
습니다.
탑 ❶ 크다 ❷ 위

5 다음 ☐ 안에 들어갈 한자어를 보기 에서 찾아 그 번호를 쓰세요.

> 보기
> ① 責任　② 傳說　③ 團合

● 이전부터 전해져 내려오는 ☐☐ 에는 교훈이 담겨 있습니다.

➡ (　　　　　　)

> Tip
> '說'은 ❶ ☐ 또는 ❷ ☐ 을/를 뜻하는 한자입니다.
> 답 ❶ 말하다 ❷ 달래다

6 '團合'의 뜻을 바르게 설명한 것에 ○표 하세요.

모임이나 회의와 같은 자리에 참여함.

많은 사람들이 마음과 힘을 한데 뭉침.

> Tip
> '團合'은 ☐ (이)라고 읽습니다.
> 답 단합

7 다음 낱말 퍼즐을 푸세요.

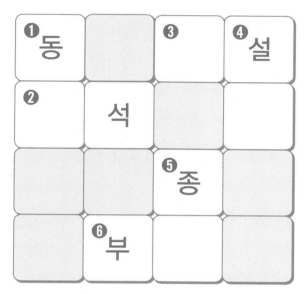

> 가로 열쇠
> ❷ 모임이나 회의와 같은 자리에 참여함.
> ❸ 오래전부터 전하여 내려오는 이야기.
> ❻ 서로 공통된 성질을 가진 사람이나 사물의 무리.

> 세로 열쇠
> ❶ 어떤 모임이나 일에 같이 참여함.
> ❹ 어떤 사실에 대하여 남이 잘 이해할 수 있도록 하는 말.
> ❺ 어떤 기준에 따라 여러 가지 사물을 나눈 갈래.

> Tip
> '參'의 음(소리)은 ❶ ☐ (이)고, '類'의 음(소리)은 ❷ ☐ 입니다.
> 답 ❶ 참 ❷ 류

전략 1 한자어의 음(소리) 쓰기

다음 밑줄 친 漢字語한자어의 音(음: 소리)을 쓰세요.

> 보기
>
> 雲集 → 운집

● 그는 이번 올림픽에 **不參**을 선언하였습니다. → (   )

답 | 불참

필수 예제 01

다음 밑줄 친 漢字語한자어의 音(음: 소리)을 쓰세요.

> 보기
>
> 雨天 → 우천

(1) 창문을 여니 **外部** 공기가 들어와 시원했습니다.

→ (   )

(2) 그 작가는 오랜만에 새로운 **小說**을 썼습니다. → (   )

(3) 경기가 시작되기 전 **氣合**을 넣으며 서로를 응원했습니다.

→ (   )

(4) **偉人**의 삶을 영화로 만들었습니다.

→ (   )

> 문장 속에 쓰인 한자어가 각각 어떤 한자들로 이루어져 있는지 알아 두도록 합니다.

전략 **2** 한자의 뜻과 음(소리) 쓰기

다음 漢字한자의 訓(훈: 뜻)과 音(음: 소리)을 쓰세요.

보기

首 ➡ 머리 **수**

• 仕 ➡ (   )

답 섬길 사

필수 예제 **02**

다음 漢字한자의 訓(훈: 뜻)과 音(음: 소리)을 쓰세요.

보기

己 ➡ 몸 기

(1) 奉 ➡ (   )

(3) 偉 ➡ (   )

(2) 特 ➡ (   )

(4) 團 ➡ (   )

한자의
뜻과 음(소리)은
반드시 함께 알아
두어야 합니다.

전략 **3**   제시된 뜻에 맞는 한자어 찾기

다음 뜻에 맞는 漢字語한자어를 보기 에서 찾아 그 번호를 쓰세요.

보기

① 同參   ② 生必品   ③ 偉大   ④ 種類

● 일상생활에 반드시 있어야 할 물품. → (   )

답 ②

필수 예제 **03**

다음 뜻에 맞는 漢字語한자어를 보기 에서 찾아 그 번호를 쓰세요.

보기

① 必讀   ② 奉仕   ③ 責任   ④ 說敎

(1) 반드시 읽어야 함. 또는 반드시 읽음.
　　　　　→ (   )

(3) 자기 이익을 생각하지 않고 남을 위하여 일하는 것. → (   )

(2) 다른 사람을 도덕적으로 타이르고 가르치는 일. → (   )

(4) 꼭 하기로 하고 맡은 일. 또는 어떤 일에서 생긴 손해를 감당할 의무.
　　　　　　　　　→ (   )

한자어의 뜻이 생각나지 않을 때는 한자의 뜻을 조합하여 문제를 풀어 봅시다.

전략 **4**　제시된 한자어와 뜻이 같은 동음어 찾기

다음 제시한 漢字語_{한자어}와 뜻에 맞는 同音語_{동음어}를 보기 에서 찾아 그 번호를 쓰세요.

보기

① 偉大　　　② 部類　　　③ 奉仕　　　④ 兵士

● 奉事 – (　　　): 자기 이익을 생각하지 않고 남을 위하여 일하는 것.

➡ (　　　　　)

답 ③

필수 예제 **04**

다음 제시한 漢字語_{한자어}와 뜻에 맞는 同音語_{동음어}를 보기 에서 찾아 그 번호를 쓰세요.

보기

① 書類　　　② 團長　　　③ 合成　　　④ 旅客

(1) 短長 – (　　　): '응원단'과 같이 '-단'이
붙은 단체의 우두머리.

➡ (　　　　　)

(3) 合性 – (　　　): 둘 이상의 사물이 합하
여 새로운 사물이 되는 것.

➡ (　　　　　)

(2) 西流 – (　　　): 글자를 기록한 문서를
통틀어 이르는 말.

➡ (　　　　　)

(4) 女客 – (　　　): 기차, 비행기, 배 따위
로 여행하는 사람.

➡ (　　　　　)

같은 음(소리)으로
읽히는 한자어라도
한자를 알면 구분할
수 있습니다.

[한자어의 음(소리) 쓰기]

1 다음 밑줄 친 漢字語한자어의 音(음: 소리)을 쓰세요.

어제 **生必品**을 샀습니다.

→ (   )

[한자어의 음(소리) 쓰기]

2 다음 밑줄 친 漢字語한자어의 音(음: 소리)을 쓰세요.

물건값의 **合計**를 내었습니다.

→ (   )

[한자의 뜻과 음(소리) 쓰기]

3 다음 漢字한자의 訓(훈: 뜻)과 音(음: 소리)을 쓰세요.

> 보기
>
> 溫 ➡ 따뜻할 온

● 要 ➡ (   )

[제시된 뜻에 맞는 한자어 찾기]

4 다음 뜻에 맞는 漢字語한자어를 에서 찾아 그 번호를 쓰세요.

> 보기
>
> ① 傳說   ② 同參   ③ 兵力   ④ 部類

● 어떤 모임이나 일에 같이 참여함. ➡ (   )

[한자의 약자 쓰기]

5 다음 漢字한자의 약자(略字: 획수를 줄인 漢字)를 쓰세요.

• 團 ➡ (   )

Tip
본 글자에서 획수를 줄인 약자를 주의하여 알아 두어야 합니다.

[빈칸에 들어갈 한자 찾기]

6 다음 四字成語사자성어의 (   ) 속에 알맞은 漢字한자를 보기 에서 찾아 그 번호를 쓰세요.

보기
① 責   ② 兵   ③ 說   ④ 特

• 大書( )筆: 어떤 사실이나 사건을 뚜렷이 알리기 위해서 큰 글자로 보도하는 것. ➡ (   )

Tip
'대서특필'의 뜻은 '어떤 사실이나 사건을 뚜렷이 알리기 위해서 큰 글자로 보도하는 것.'입니다.

[제시된 한자어와 뜻에 맞는 동음어 찾기]

7 다음 제시한 漢字語한자어와 뜻에 맞는 同音語동음어를 보기 에서 찾아 그 번호를 쓰세요.

보기
① 奉仕   ② 團合   ③ 全部   ④ 團體

• 奉事-(   ): 자기 이익을 생각하지 않고 남을 위하여 일하는 것. ➡ (   )

Tip
'奉事'는 '웃어른을 받들어 섬김.'을 뜻하는 한자어입니다.

[제시된 한자와 뜻이 같거나 비슷한 한자 찾기]

8 다음 漢字한자와 뜻이 같거나 비슷한 漢字한자를 보기 에서 찾아 그 번호를 쓰세요.

보기
① 兵   ② 類   ③ 要   ④ 任

• 고래와 포유류는 等( )입니다. ➡ (   )

Tip
'등류'는 '같은 종류나 부류.'를 뜻하는 한자어입니다.

01 다음 한자의 뜻과 음(소리)으로 알맞은 것을 찾아 선으로 이으세요.

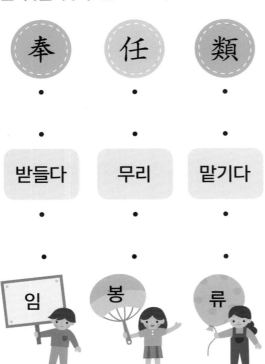

02 다음 문장의 내용이 맞으면 '예', 틀리면 '아니요'에 ○표 하세요.

'合'은/는 '둥글다'를 뜻하고, '단'이라고 읽습니다.

예   아니요

03 다음 한자의 뜻과 음(소리)을 쓰세요.

보기

充 ➡ 채울 **충**

(1) 偉 ➡ (   )

(2) 責 ➡ (   )

04 다음 밑줄 친 낱말에 해당하는 한자어를 보기 에서 찾아 그 번호를 쓰세요.

보기

① 參席   ② 說明   ③ 種類

● 옷을 <u>종류</u>별로 정리하였습니다.

➡ (   )

05 다음 밑줄 친 한자어의 음(소리)을 쓰세요.

그는 자기 재산의 <u>全部</u>를 바쳐서 학교를 세웠습니다.

➡ (   )

06 다음 설명 에 해당하는 한자어를 찾아 ○표 하세요.

설명
오래전부터 전하여
내려오는 이야기.

傳說

旅行

07 다음 한자의 뜻을 보기 에서 찾아 그 번호를 쓰세요.

보기
① 때   ② 나그네   ③ 반드시

(1) 必 ➡ (   )

(2) 部 ➡ (   )

08 다음 뜻에 해당하는 한자어를 보기 에서 찾아 그 번호를 쓰세요.

보기
① 全部   ② 團合   ③ 傳說

● 무엇의 일부분이 아닌 모두.

➡ (   )

09 다음 ☐ 안에 들어갈 한자어를 보기 에서 찾아 그 번호를 쓰세요.

보기
① 必要   ② 同參   ③ 參席

● 수영 전에는 준비 운동이 ☐☐ 합니다.

➡ (   )

10 다음 한자어 퍼즐에 들어갈 알맞은 한자를 보기 에서 찾아 그 번호를 쓰세요.

보기
① 說   ② 團   ③ 特

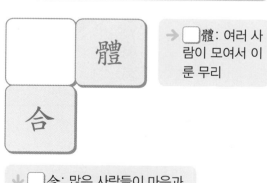

☐體: 여러 사람이 모여서 이룬 무리

☐合: 많은 사람들이 마음과 힘을 한데 뭉침.

➡ (   )

창의·융합·코딩 전략 ❶

1 위 대화를 읽고, 두 친구가 내일 어떤 일을 하기로 했는지 쓰세요.

➡ (　　　　　　　　　　　　　　　　　　　　　　　　　　　　　　)

2 위 대화를 읽고, 만화에 나오지 <u>않은</u> 낱말을 보기 에서 찾아 쓰세요. → (   )

보기

단체	봉사	특색	책임	해병	전설

창의·융합·코딩 전략 ②

1 돌고래가 먼바다에 도착할 수 있도록 입력해야 할 한자를 순서대로 쓰세요.

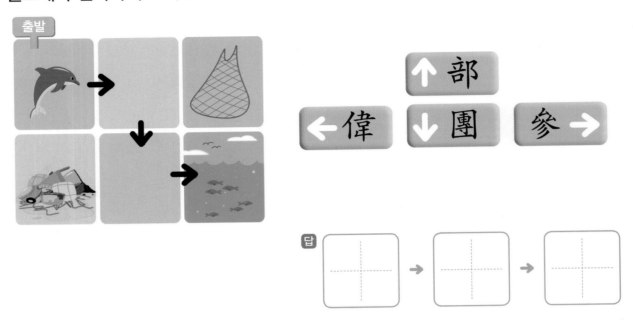

답

☐ → ☐ → ☐

2 수첩에 적힌 설명을 읽고, 해당하는 그림을 찾아 ○표 하세요.

이 그림에 나타난 간식은 **全部** 사탕입니다.

제가 좋아하는 사탕을 **種類**대로 그려 보았습니다.

3 다음 순서도 에 따라 출력된 한자어에 ∨표 하세요.

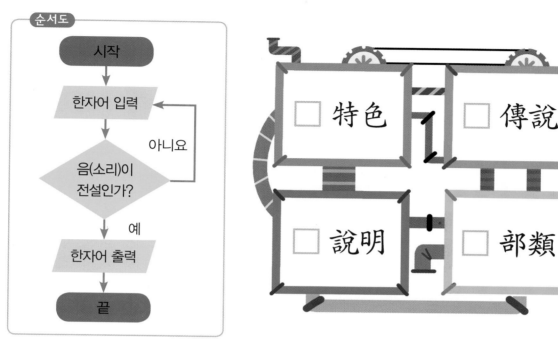

4 다음 글을 읽고, ☐ 안에 들어갈 한자어를 보기 에서 찾아 쓰세요.

보기

必要   責任   分類

원하는 목표를 이루기 위해서는 노력이 ☐☐합니다. 또 아무리 힘들어도 포기하지 않는 끈기도 ☐☐합니다. 그리고 나에게 주어진 시간을 효율적으로 쓴다면 원하는 결과를 얻을 수 있을 것입니다.

답

코딩

5 퍼즐 판의 숫자 '1'을 모두 색칠했을 때 나타나는 음(소리)에 해당하는 한자에 ∨표 하세요.

0	0	1	0	0	0	1	0	0
0	0	1	0	0	0	1	0	0
0	0	1	1	1	1	1	0	0
0	0	1	0	0	0	1	0	0
0	0	1	1	1	1	1	0	0
0	0	0	0	0	0	0	0	0
1	1	1	1	1	1	1	1	1
0	0	0	0	1	0	0	0	0
0	0	0	0	1	0	0	0	0

☐ 說

☐ 部

☐ 奉

☐ 兵

창의 융합

6 스핑크스가 내는 수수께끼를 보고,— 해당하는 한자어에 ∨표 하세요.

이 한자어에는 한자 '둥글 단'이 포함되어 있다.
이 한자어의 뜻은 '여러 사람이 모여서 이룬 무리.'이다.

☐ 團體

☐ 身體

☐ 團合

7 **암호 판**을 참고하여 암호를 풀고, **보기**에서 암호를 찾아 쓰세요.

♥(이)라고 읽고, 뜻은 ✳♣♠인 한자와
◎(이)라고 읽고, 뜻은 ▶◁♠인 한자로
한자어를 만들어라!

보기

責任   奉仕

답

8 다음 문장을 읽고, 밑줄 친 한자어의 음(소리)을 쓰세요.

우리는 살아가면서 자연스럽게 나와 다른 사람의 삶의 모습을 비교하게 됩니다. 비교하는 행동이 나쁘다고 볼 수는 없지만, 끊임없이 나와 다른 사람을 비교하지는 않아야 합니다. 나에게 **特別**한 장점이 있음을 인정하고, 자신이 사랑받을 만한 소중한 존재임을 믿어야 합니다.

● 한자어의 음(소리) → (   )

성질 / 행동 한자

어젯밤에 자다가[宿] 꿈을 꾸었는데 말이야.

무슨 꿈이었는데?

으악!

키키킥!

나 혼자[獨] 숲속에 들어갔다가 나쁜 요괴에게 붙들렸지 뭐야?

저런! 놀랐겠다!

요괴에게서 도망치려고 해도 발이 땅에 붙어서[着] 떨어지지 않는 거야.

으아아

바둥

바둥

끈적

끈적

키키킥!

그래서 어떻게 됐어?

❶ 性 성품 성　　❷ 質 바탕 질　　❸ 材 재목 재　　❹ 獨 홀로 독　　❺ 到 이를 도　　❻ 着 붙을 착

❼ 元 으뜸 원　　❽ 凶 흉할 흉　　❾ 勞 일할 로　　❿ 決 결단할 결　　⓫ 宿 잘 숙|별자리 수

⓬ 洗 씻을 세　　⓭ 調 고를 조　　⓮ 見 볼 견|뵈올 현　　⓯ 惡 악할 악|미워할 오　　⓰ 害 해할 해

요괴가 나를 붙잡고 가더니 산꼭대기에 이르니까[到] 자기 집에 가두었어.

성품[性]도 괴팍하고 모습도 흉한[凶] 요괴를 보면[見] 너도 무서워서 꼼짝 못 할걸?

근데 바람이 꿈의 내용이 내가 오늘 읽은 '헨젤과 그레텔' 이야기와 똑같아.

혹시 자기 전에 요괴가 나오는 영상을 보다가 잔 건 아니지?

에구, 어서 요괴 생각을 떨쳐 낼 수 있도록 우리 이제는 성질과 행동에 관련된 한자를 배워 보자.

한자를 배우고 나면 단어 뜻을 더욱더 많이 알게 될 거야!

우아, 그걸 어떻게 알았어? 지금도 요괴 생각에 온 몸이 떨려. 으으으~

점선 위로 겹쳐서 한자를 써 보세요.

연한 글씨 위로 겹쳐서 한자를 따라 써 보세요.

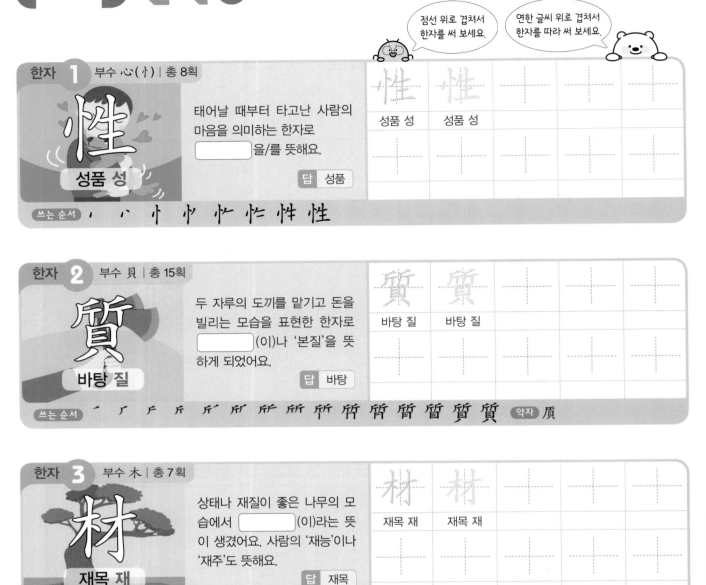

한자 1 부수 心(忄) | 총 8획

性
성품 성

태어날 때부터 타고난 사람의 마음을 의미하는 한자로 ☐☐을/를 뜻해요.

답 성품

性 성품 성 性 성품 성

쓰는 순서 ﹅ ﹅ 忄 忄 忄 忄 性 性

한자 2 부수 貝 | 총 15획

質
바탕 질

두 자루의 도끼를 맡기고 돈을 빌리는 모습을 표현한 한자로 ☐☐(이)나 '본질'을 뜻하게 되었어요.

답 바탕

質 바탕 질 質 바탕 질

쓰는 순서 ﹅ 厂 ﹅ 斤 斤 斦 斦 斦 斦 斦 斦 質 質 質 質 質   약자 貭

한자 3 부수 木 | 총 7획

材
재목 재

상태나 재질이 좋은 나무의 모습에서 ☐☐(이)라는 뜻이 생겼어요. 사람의 '재능'이나 '재주'도 뜻해요.

답 재목

材 재목 재 材 재목 재

쓰는 순서 一 十 才 木 朾 村 材

모양이 비슷한 한자 林(수풀 림)

한자 4 부수 犬(犭) | 총 16획

獨
홀로 독

자기 혼자 있음을 나타내는 한자로 ☐☐을/를 뜻해요.

답 홀로

獨 홀로 독 獨 홀로 독

쓰는 순서 ﹅ 犭 犭 犭 犭 犭 犭 犭 犭 獨 獨 獨 獨 獨 獨 獨   약자 独

1 다음 한자의 뜻과 음(소리)으로 알맞은 것을 찾아 선으로 이으세요.

2 한자 '재목 재'와 '성품 성'이 쓰여 있는 구름을 <u>모두</u> 찾아 색칠하세요.

점선 위로 겹쳐서 한자를 써 보세요.

연한 글씨 위로 겹쳐서 한자를 따라 써 보세요.

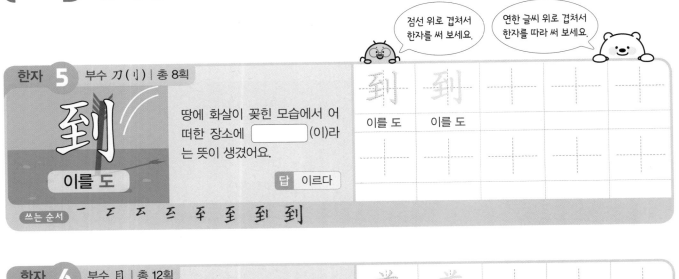

한자 **5** 부수 刀(刂) | 총 8획

到
이를 도

땅에 화살이 꽂힌 모습에서 어떠한 장소에 [   ](이)라는 뜻이 생겼어요.

답 이르다

到
이를 도

到
이를 도

쓰는 순서 一 ZZ ZZ ZZ 至 至 到 到

한자 **6** 부수 目 | 총 12획

着
붙을 착

맞닿아 떨어지지 않는 것을 나타낸 한자로 [   ]을/를 뜻해요.

답 붙다

着
붙을 착

着
붙을 착

쓰는 순서 ` `` ``` ``` 兰 羊 羊 着 着 着 着

한자 **7** 부수 儿 | 총 4획

元
으뜸 원

모든 일의 시작이자, 많은 것 가운데 가장 뛰어남을 나타낸 한자로 [   ]을/를 뜻해요.

답 으뜸

元
으뜸 원

元
으뜸 원

쓰는 순서 一 二 于 元

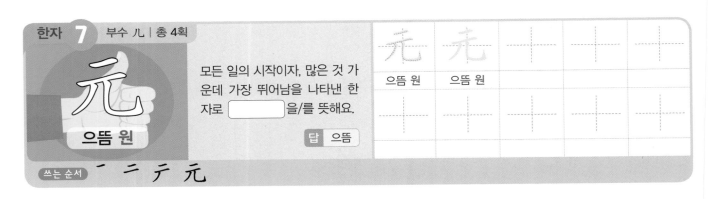

한자 **8** 부수 凵 | 총 4획

凶
흉할 흉

운수가 나빠 일을 당한 모습을 뜻하는 한자로 [   ]을/를 뜻해요.

답 흉하다

凶
흉할 흉

凶
흉할 흉

쓰는 순서 ノ メ 凶 凶

3 한자 '이를 도'와 '으뜸 원'이 쓰여 있는 별을 <u>모두</u> 찾아 ◯표 하세요.

4 다음 한자의 뜻과 음(소리)을 바르게 말한 친구의 말풍선을 찾아 ∨표 하세요.

2주 여일 급수한자 돌파 전략 ❷

1 다음 문장의 내용이 맞으면 '예', 틀리면 '아니요'에 ○표 하세요.

'到'의
뜻과 음(소리)은
'홀로 독'입니다.

예
아니요

'凶'의
뜻과 음(소리)은
'흉할 흉'입니다.

예
아니요

2 다음 한자의 뜻과 음(소리)으로 알맞은 것을 찾아 선으로 이으세요.

 到 •

• 이르다 •

• 재

 材 •

• 재목 •

• 도

3 다음 밑줄 친 낱말에 해당하는 한자를 찾아 ○표 하세요.

이순신 장군의 강직한 <u>성품</u>을 본받고 싶습니다.

 材

 性

4 다음 한자의 뜻이나 음(소리)으로 알맞은 것을 찾아 ○표 하세요.

| 바탕 | 성품 | | 독 | 재 |

5 다음 한자의 뜻을 보기 에서 찾아 그 번호를 쓰세요.

보기
| ① 이르다 | ② 으뜸 | ③ 붙다 | ④ 흉하다 |

(1) 元 ➡ (   )

(2) 到 ➡ (   )

6 다음 한자 카드에 들어갈 뜻과 음(소리)을 쓰세요.

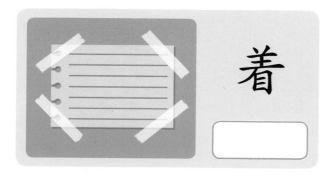

점선 위로 겹쳐서 한자를 써 보세요.

연한 글씨 위로 겹쳐서 한자를 따라 써 보세요.

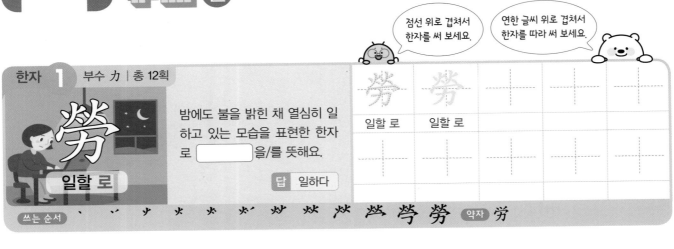

한자 1 | 부수 力 | 총 12획

勞
일할 로

밤에도 불을 밝힌 채 열심히 일하고 있는 모습을 표현한 한자로 ☐ 을/를 뜻해요.

답 일하다

勞 勞
일할 로　일할 로

쓰는 순서 ` ` ` ` ` ` ` ` ` ` 炒 勞 勞　약자 労

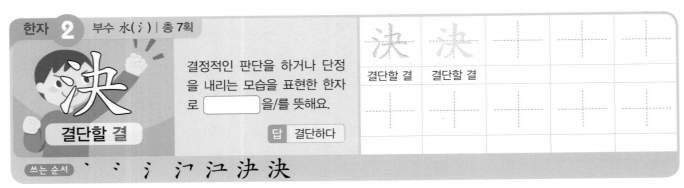

한자 2 | 부수 水(氵) | 총 7획

決
결단할 결

결정적인 판단을 하거나 단정을 내리는 모습을 표현한 한자로 ☐ 을/를 뜻해요.

답 결단하다

決 決
결단할 결　결단할 결

쓰는 순서 ` ` 氵 氵 沪 沪 決

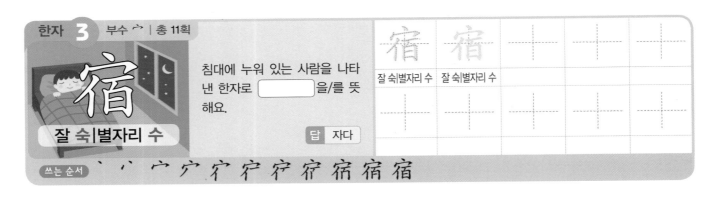

한자 3 | 부수 宀 | 총 11획

宿
잘 숙|별자리 수

침대에 누워 있는 사람을 나타낸 한자로 ☐ 을/를 뜻해요.

답 자다

宿 宿
잘 숙|별자리 수　잘 숙|별자리 수

쓰는 순서 ` ` 宀 宀 宀 宀 宿 宿 宿 宿

한자 4 | 부수 水(氵) | 총 9획

洗
씻을 세

발을 씻는 모습을 표현한 한자로 ☐ 을/를 뜻해요.

답 씻다

洗 洗
씻을 세　씻을 세

쓰는 순서 ` ` 氵 氵 浐 浐 浐 洗 洗

1 한자 '勞'와 '宿'의 뜻에 해당하는 그림을 각각 찾아 ∨표 하세요.

2 한자 '결단할 결'과 '씻을 세'를 <u>모두</u> 찾아 ○표 하세요.

점선 위로 겹쳐서 한자를 써 보세요.

연한 글씨 위로 겹쳐서 한자를 따라 써 보세요.

한자 5 부수 言 | 총 15획

調

고를 조

오밀조밀하게 짜여 있는 밭을 그린 한자로 밭이 고르게 나누어져 있다는 데서 [   ](이)나 '조절하다'를 뜻해요.

답 고르다

調 고를 조 調 고를 조

쓰는 순서 丶 丶 亠 亖 言 言 言 訂 訂 訂 調 調 調 調 調

● 뜻이 비슷한 한자 和(화할 화)

한자 6 부수 見 | 총 7획

見

볼 견|뵈올 현

사물을 보는 눈을 강조해 그린 한자로 ❶[   ]을/를 뜻해요. ❷[   ]을/를 뜻할 때는 '현'이라고 읽어요.

답 ❶ 보다 ❷ 뵙다

見 볼 견|뵈올 현 見 볼 견|뵈올 현

쓰는 순서 丨 刀 刀 月 目 目 見

한자 7 부수 心 | 총 12획

惡

악할 악|미워할 오

인간의 도덕적 기준에 어긋나 나쁘다는 의미로 ❶[   ]을/를 뜻해요. ❷[   ](이)라는 뜻일 때는 '오'라고 읽어요.

답 ❶ 악하다 ❷ 미워하다

惡 악할 악|미워할 오 惡 악할 악|미워할 오

쓰는 순서 一 丆 丆 亞 亞 亞 亞 亞 亞 惡 惡 惡 약자 悪

한자 8 부수 宀 | 총 10획

害

해할 해

집안에 어지러운 말다툼이 일어나고 있음을 나타낸 한자로 [   ]을/를 뜻해요.

답 해하다

害 해할 해 害 해할 해

쓰는 순서 丶 丶 宀 宀 宀 宀 害 宔 害 害

3 한자 '고를 조'와 '볼 견'이 쓰인 연잎에 ◯표 하며 연못을 건너가세요.

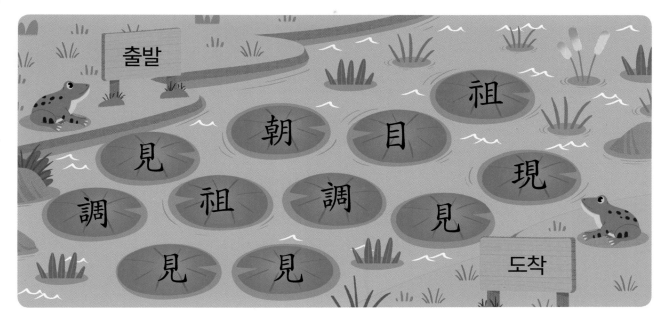

4 다음 뜻과 음(소리)에 해당하는 한자를 찾아 선으로 이으세요.

2주 02일 급수 한자 돌파 전략 ❷

1 다음 문장의 내용이 맞으면 '예', 틀리면 '아니요'에 ○표 하세요.

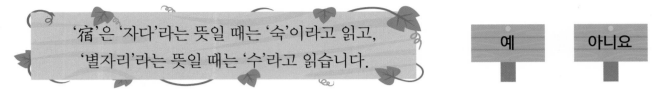

'宿'은 '자다'라는 뜻일 때는 '숙'이라고 읽고,
'별자리'라는 뜻일 때는 '수'라고 읽습니다.

| 예 | 아니요 |

2 다음 한자의 뜻으로 알맞은 것을 찾아 선으로 이으세요.

洗　　　　　　　　　　調

　　씻다　　　　자다　　　　보다　　　　고르다

3 다음 한자의 뜻과 음(소리)을 쓰세요.

勞　　□을/를 뜻하고, □(이)라고 읽습니다.

調　　□을/를 뜻하고, □(이)라고 읽습니다.

▶정답 14쪽

4 다음 밑줄 친 말에 해당하는 한자를 찾아 ◯표 하세요.

농부가 땀을 흘리며 <u>일하고</u> 있습니다.

 勞

 宿

5 다음 뜻과 음(소리)에 해당하는 한자를 보기 에서 찾아 그 번호를 쓰세요.

> 보기
>
> ① 性　　　② 見　　　③ 決　　　④ 惡

(1) 결단할 결 ➡ (　　　　　　)

(2) 볼 견|뵈올 현 ➡ (　　　　　　)

6 다음 한자의 뜻과 음(소리)으로 알맞은 것을 찾아 ∨표 하세요.

 害

☐ 해할 해　　　☐ 악할 악　　　☐ 씻을 세

대표 한자어 01

특성
특별할 특 · 성품 성

뜻 일정한 사물에만 있는 특수한 성질.

성질
성품 성 · 바탕 질

뜻 사물이나 현상이 가지고 있는 다른 것과 구별되는 특징.

물은 다양한 물질을 녹이는 特性(특성)이 있어.

풍덩! 휙 휙

물은 고유한 性質(성질)을 가지고 있구나!

대표 한자어 02

인재
사람 인 · 재목 재

뜻 좋은 교육을 받아 사회적으로 크게 쓸모가 있는 훌륭한 사람.

과학 분야의 人材(인재)가 되기 위해 열심히 노력할 거야.

대표 한자어 03

독립
홀로 독 · 설 립

뜻 다른 것에 다스림을 받지 않고 자기 일을 스스로 결정하는 것.

삼일절은 우리 민족이 나라의 獨立(독립)을 위해 만세를 부른 날이야.

항상 널 응원해!

대표 한자어 04

원 로

元	老
으뜸 원	늙을 로

뜻 한 가지 일에 오래 종사하여 경험과 공로가 많은 사람.

元老(원로) 배우들의 공연은 감동적이었어!

대표 한자어 05

흉 년

凶	年
흉할 흉	해 년

뜻 농작물이 지난 여러 해에 비하여 잘되지 않은 해.

凶年(흉년)이 들면 농부들의 걱정이 깊어지지.

대표 한자어 06

도 착

到	着
이를 도	붙을 착

뜻 목적한 곳에 다다름.

비행기를 타면 다른 나라에 빠르게 到着(도착)할 수 있어서 참 편리해!

대표 한자어 | 07 |

공 로

功	勞
공 공	일할 로

뜻 일을 마치거나 목적을 이루는 데 들인 노력과 수고.

선생님의 功勞(공로)를 잊지 않을 거야.

대표 한자어 | 08 |

대 결

對	決
대할 대	결단할 결

뜻 서로 맞서서 우열이나 승패를 가림.

선수들의 치열한 對決(대결)이 벌어지고 있어.

대표 한자어 | 09 |

숙 제

宿	題
잘 숙/별자리 수	제목 제

뜻 복습이나 예습을 위해 방과 후에 학생들에게 내주는 과제.

宿題(숙제)를 미리 해 두려고 해.

대표 한자어 | 10 |

세 수

洗	手
씻을 세	손 수

뜻 손이나 얼굴을 씻음.

洗手(세수)를 하면 기분이 상쾌해져.

항상 널 응원해!

해 악

害	惡
해할 해	악할 악|미워할 오

뜻 해로움과 악함을 아울러 이르는 말.

바다에 쓰레기를 버리는 건 자연에 害惡(해악)을 끼치는 일이야.

조 화

調	和
고를 조	화할 화

뜻 서로 잘 어울림.

강과 하늘이 調和(조화)를 이루었네.

발 견

發	見
필 발	볼 견|뵈올 현

뜻 사물이나 현상, 사실 따위를 찾아냄.

새로운 유물이 發見(발견)되었어!

1 다음 뜻에 해당하는 한자어를 찾아 ◯표 하세요.

서로 잘 어울림.

調和   害惡

Tip

'調'는 [   ]을/를 뜻하는 한자입니다.

답 고르다

2 다음 밑줄 친 한자어의 음(소리)으로 알맞은 것을 찾아 ∨표 하세요.

선인장은 건조한 기후에서도 잘 견디는 <u>特性</u>이 있습니다.

☐ 성질   ☐ 특성

Tip

'特性'은 '사물이나 현상이 가지고 있는 다른 것과 구별되는 특징.'을 뜻하는 말로, [   ](이)라고 읽습니다.

답 특성

3 다음 문장의 내용이 맞으면 '예', 틀리면 '아니요'에 ◯표 하세요.

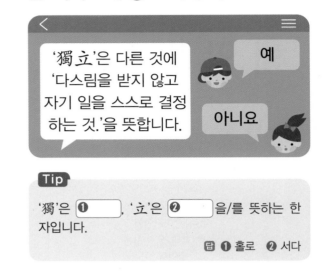

'獨立'은 다른 것에 '다스림을 받지 않고 자기 일을 스스로 결정하는 것.'을 뜻합니다.

예

아니요

Tip

'獨'은 ❶[   ], '立'은 ❷[   ]을/를 뜻하는 한자입니다.

답 ❶ 홀로 ❷ 서다

4 다음 뜻에 해당하는 한자어를 찾아 ∨표 하세요.

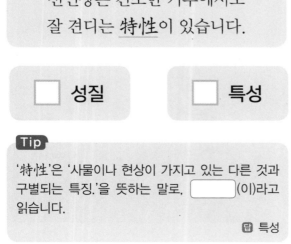

목적한 곳에 다다름.

☐ 到着

☐ 元老

Tip

[   ]은/는 '이르다'를 뜻하는 한자입니다.

답 到

5 다음 한자어의 음(소리)으로 알맞은 것을 찾아 선으로 이으세요.

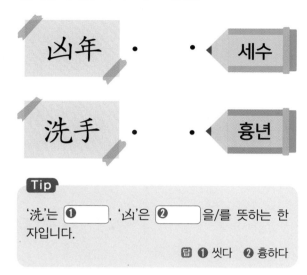

凶年 · · 세수

洗手 · · 흉년

Tip

'洗'는 **❶**　　　, '凶'은 **❷**　　　을/를 뜻하는 한자입니다.

🔛 **❶** 씻다 **❷** 흉하다

6 '對決'의 뜻을 바르게 설명한 것에 ○표 하세요.

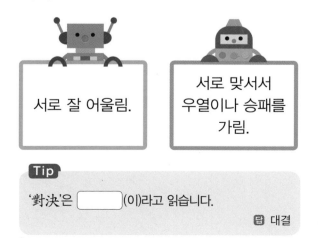

서로 잘 어울림.

서로 맞서서 우열이나 승패를 가림.

Tip

'對決'은 　　　　　(이)라고 읽습니다.

🔛 대결

7 다음 낱말판에서 (설명)에 해당하는 낱말을 찾아 ○표 하세요.

독	발	견	해
성	질	학	악
단	숙	제	인
공	로	착	재

(설명)

● 해로움과 악함을 아울러 이르는 말.
● 복습이나 예습을 위해 방과 후에 학생들에게 내주는 과제.
● 사물이나 현상, 사실 따위를 찾아냄.
● 일을 마치거나 목적을 이루는 데 들인 노력과 수고.
● 좋은 교육을 받아 사회적으로 크게 쓸모가 있는 훌륭한 사람.

Tip

'해로움과 악함을 아울러 이르는 말.'을 뜻하는 한자어는 　　　　입니다.

🔛 해악

전략 1   한자어의 음(소리) 쓰기

다음 밑줄 친 漢字語^{한자어}의 音(음: 소리)을 쓰세요.

> **보기**
>
> 不參 ➡ 불참

● 학교는 다양한 <u>人材</u>를 키워 내는 곳입니다. ➡ (　　　　　　　)

답 인재

필수 예제 | 01 |

다음 밑줄 친 漢字語^{한자어}의 音(음: 소리)을 쓰세요.

> **보기**
>
> 氣合 ➡ 기합

(1) 비행기가 <u>着陸</u>에 성공하였습니다.
　　　➡ (　　　　　　　)

(2) 경찰이 <u>凶惡</u>한 범인을 검거하였습니다.
　　　➡ (　　　　　　　)

(3) 사람들은 <u>勞動</u>을 통해 즐거움을 얻습니다. ➡ (　　　　　　　)

(4) 어제 박물관 <u>見學</u>을 다녀왔습니다.
　　　　➡ (　　　　　　　)

> 문장을 읽으며 한자의 음(소리)이 무엇일지 생각해 봅시다.

전략 2 한자의 뜻과 음(소리) 쓰기

다음 漢字한자의 訓(훈: 뜻)과 音(음: 소리)을 쓰세요.

보기

仕 ➡ 섬길 **사**

● 質 ➡ (   )

답 | 바탕 질

필수예제 | 02 |

다음 漢字한자의 訓(훈: 뜻)과 音(음: 소리)을 쓰세요.

보기

團 ➡ 둥글 **단**

(1) 性 ➡ (   )

(3) 決 ➡ (   )

(2) 着 ➡ (   )

(4) 害 ➡ (   )

> 한자의 뜻과 음(소리)을
> 정확하게 구분하여
> 알아 두어야 합니다.
> 예 一 한   일
>   뜻 음(소리)

전략 **3** 제시된 한자어와 뜻에 맞는 동음어 찾기

다음 제시한 漢字語한자어와 뜻에 맞는 同音語동음어를 보기 에서 찾아 그 번호를 쓰세요.

보기
> ① 參見   ② 空老   ③ 當到   ④ 性格

• 當道-(   ): 어떤 곳에 다다름. ➔ (   )

답 ③

필수 예제 **03**

다음 제시한 漢字語한자어와 뜻에 맞는 同音語동음어를 보기 에서 찾아 그 번호를 쓰세요.

보기
> ① 對決   ② 功勞   ③ 獨自   ④ 人材

(1) 公路-(   ): 일을 마치거나 목적을 이루는 데 들인 노력과 수고.
➔ (   )

(3) 代決-(   ): 서로 맞서서 우열이나 승패를 가림. ➔ (   )

(2) 讀者-(   ): 다른 것과 구별되는 그 자체만의 특유함.
➔ (   )

(4) 人才-(   ): 좋은 교육을 받아 사회적으로 크게 쓸모가 있는 훌륭한 사람.
➔ (   )

같은 음(소리)으로 읽히는 한자어라도 한자를 알면 구분할 수 있습니다.

전략 **4**　제시된 뜻에 맞는 한자어 찾기

다음 뜻에 맞는 漢字語^{한자어}를 보기 에서 찾아 그 번호를 쓰세요.

보기

① 害惡　　② 人材　　③ 性質　　④ 對決

● 해로움과 악함을 아울러 이르는 말. ➡ (　　　　　　　)

답 ①

필수 예제 | **04** |

다음 뜻에 맞는 漢字語^{한자어}를 보기 에서 찾아 그 번호를 쓰세요.

보기

① 調和　　② 洗手　　③ 宿題　　④ 凶年

(1) 서로 잘 어울림. ➡ (　　　　　　　)

(3) 손이나 얼굴을 씻음.
➡ (　　　　　　　)

(2) 농작물이 지난 여러 해에 비하여 잘되지 않은 해.
➡ (　　　　　　　)

(4) 복습이나 예습을 위해 방과 후에 학생들에게 내주는 과제.
➡ (　　　　　　　)

한자어의 뜻이 생각나지 않을 때는 한자의 뜻을 조합하여 문제를 풀어 봅시다.

1 [한자어의 음(소리) 쓰기]

1 다음 밑줄 친 漢字語^{한자어}의 音(음: 소리)을 쓰세요.

혼자서 *宿題*를 했습니다.

→ (   )

Tip
'宿題'는 '복습이나 예습을 위해 방과 후에 학생들에게 내 주는 과제.'를 뜻하는 한자어입니다.

2 [한자어의 음(소리) 쓰기]

2 다음 밑줄 친 漢字語^{한자어}의 音(음: 소리)을 쓰세요.

체조 선수가 동작을 마치고 무사히 *着地*하였습니다.

→ (   )

Tip
'着地'는 '기계 체조 등에서, 연기를 마치고 땅바닥에 내려섬. 또는 그런 동작.'을 뜻하는 한자어입니다.

3 [한자의 뜻과 음(소리) 쓰기]

3 다음 漢字^{한자}의 訓(훈: 뜻)과 音(음: 소리)을 쓰세요.

> 보기
>
> 奉 → 받들 봉

• 材 → (   )

Tip
'材'는 재료로 쓰인 나무인 '재목'을 뜻하는 한자입니다.

4 [한자의 약자 쓰기]

4 다음 漢字^{한자}의 약자(略字: 획수를 줄인 漢字)를 쓰세요.

• 獨 → (   )

Tip
본 글자에서 획수를 줄인 약자를 주의하여 알아 두어야 합니다.

[빈칸에 들어갈 한자 찾기]

5 다음 四字成語_{사자성어}의 (　) 속에 알맞은 漢字_{한자}를 보기 에서 찾아 그 번호를 쓰세요.

Tip
'견물생심'은 '어떠한 실물을 보게 되면 그것을 가지고 싶은 욕심이 생김.'을 뜻하는 사자성어입니다.

> 보기
> ① 調　　　② 性　　　③ 勞　　　④ 見

● (　)物生心: 어떠한 실물을 보게 되면 그것을 가지고 싶은 욕심이 생김. ➡ (　　　　　)

[제시된 뜻에 맞는 한자어 찾기]

6 다음 뜻에 맞는 漢字語_{한자어}를 보기 에서 찾아 그 번호를 쓰세요.

Tip
'세차'는 '자동차의 차체, 바퀴, 기관 따위에 묻은 먼지나 흙 따위를 씻음.'을 뜻하는 낱말입니다.

> 보기
> ① 洗車　　② 惡手　　③ 質感　　④ 過勞

● 자동차의 차체, 바퀴, 기관 따위에 묻은 먼지나 흙 따위를 씻음. ➡ (　　　　　)

[제시된 한자와 뜻이 같거나 비슷한 한자 찾기]

7 다음 漢字_{한자}와 뜻이 같거나 비슷한 漢字_{한자}를 보기 에서 찾아 그 번호를 쓰세요.

Tip
'和'는 '화하다'를 뜻하고, '화'라고 읽습니다.

> 보기
> ① 性　　　② 調　　　③ 勞　　　④ 宿

● 꽃밭의 꽃들이 (　)和를 이루었습니다.
　　　　　　　　　　　　➡ (　　　　　)

[제시된 한자어와 뜻에 맞는 동음어 찾기]

8 다음 제시한 漢字語_{한자어}와 뜻에 맞는 同音語_{동음어}를 보기 에서 찾아 그 번호를 쓰세요.

Tip
'讀者'는 '책, 신문, 잡지 따위의 글을 읽는 사람.'을 뜻하는 한자어입니다.

> 보기
> ① 害惡　　② 性質　　③ 獨自　　④ 到着

● 讀者 - (　): 다른 것과 구별되는 그 자체만의 특유함.
　　　　　　　　　　　　➡ (　　　　　)

01 다음 한자의 뜻과 음(소리)으로 알맞은 것을 찾아 ○표 하세요.

성품 성   바탕 질

02 다음 ☐ 안에 들어갈 한자를 찾아 ○표 하세요.

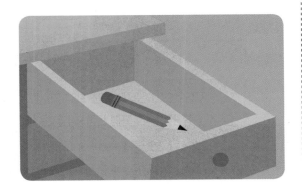

책상 서랍에서 오래 된 연필을
發 ☐ 하였습니다.
(見 / 宿)

03 다음 뜻과 음(소리)에 해당하는 한자를 보기 에서 찾아 그 번호를 쓰세요.

보기
① 凶   ② 質   ③ 勞

(1) 흉할 흉 ➡ (   )

(2) 바탕 질 ➡ (   )

04 다음 밑줄 친 한자어의 음(소리)을 쓰세요.

우리가 탄 버스가 어느새 목적지에
到着하였습니다.

➡ (   )

05 다음 뜻에 해당하는 한자어를 보기 에서 찾아 그 번호를 쓰세요.

보기
① 洗手   ② 對決   ③ 調和

• 서로 맞서서 우열이나 승패를 가림.

➡ (   )

06 다음 에 해당하는 한자어를 찾아 ◯표 하세요.

설명

일을 마치거나 목적을 이루는 데 들인 노력과 수고.

元老

功勞

07 다음 한자의 뜻을 보기 에서 찾아 그 번호를 쓰세요. (답 2개)

보기

① 악하다 ② 미워하다 ③ 뵙다

• 惡 ➡ (,   )

08 다음 한자의 뜻을 보기 에서 찾아 그 번호를 쓰세요.

보기

① 자다 ② 일하다 ③ 재목

⑴ 宿 ➡ (   )

⑵ 材 ➡ (   )

09 다음 한자의 뜻과 음(소리)을 쓰세요.

보기

字 ➡ 글자 자

⑴ 質 ➡ (   )

⑵ 元 ➡ (   )

10 다음 밑줄 친 낱말에 해당하는 한자어를 보기 에서 찾아 그 번호를 쓰세요.

보기

① 性質 ② 洗手 ③ 凶年

• 물과 얼음은 각각 성질이 다릅니다.

➡ (   )

 창의 융합

1 위 대화를 읽고, 플라스틱의 성질을 두 가지 이상 쓰세요.

→ (   )

2 위 대화에서 설명 에 해당하는 한자어를 찾아 그 한자어의 음(소리)를 쓰세요.

➡ (　　　　　　　　)

설명

복습이나 예습을 위해 방과 후에 학생들에게 내주는 과제.

코딩

1 **명령어** 대로 행동하는 고양이 로봇이 강을 건너려고 합니다. 고양이 로봇이 올라설 수 있는 나무판을 모두 찾아 ○표 하세요.

명령어

만약 '행동' 주머니에 들어 있는 한자라면
➡ 나무판에 올라선다.

그렇지 않다면
➡ 되돌아간다.

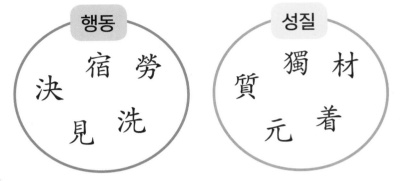

행동

決 宿 勞 見 洗

성질

質 獨 材 元 着

2 다음 글을 읽고, ☐ 안에 들어갈 한자어를 보기 에서 찾아 그 음(소리)을 쓰세요.

> 보기
>
> 人材   元老   到着   性質

물체를 이루고 있는 물질은 저마다 독특한 ☐☐을/를 가지고 있습니다. 철은 단단하고 차가운 ☐☐을/를 가지고 있고, 고무는 말랑말랑하고 부드러운 ☐☐이(가) 있습니다. 나무는 부드럽고 따뜻한 느낌을 주는 ☐☐(이)고, 플라스틱은 부드럽고 가벼운 ☐☐이(가) 있습니다.

● 한자어의 음(소리) ➔ (   )

3 다음 그림 속 모습과 어울리는 한자를 보기 에서 찾아 그 번호를 쓰세요.

> 보기
>
> ① 獨   ② 洗   ③ 勞   ④ 見

홀로 있는 사람 ☐

손을 씻는 사람 ☐

일하는 사람 ☐

먼 곳을 보는 사람 ☐

창의 융합

4 다음 문제를 풀어 본 후, 두 어린이의 대화 속 ▢ 안에 알맞은 숫자를 쓰세요.

문제	참	거짓
1. '性'의 뜻과 음(소리)은 '바탕 질'입니다.	3	5
2. '서로 잘 어울림.'을 뜻하는 한자어는 '調和(조화)'입니다.	3	5
3. '惡'은 '보다'를 뜻합니다.	3	5
4. '勞'는 '자다'를 뜻하고, '숙'이라고 읽습니다.	3	5
5. '發見'은 '사물이나 현상, 사실 따위를 찾아냄.'을 뜻하고, '발견'이라고 읽습니다.	3	5

▶정답 15쪽

5 버튼을 누르면 버튼에 해당하는 한자가 입력됩니다. 〔문제〕대로 버튼을 눌렀을 때 만들어지는 한자어의 음(소리)를 쓰세요.

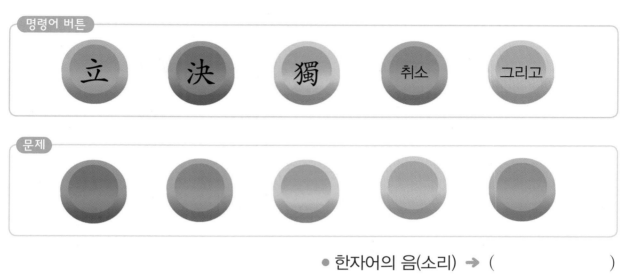

● 한자어의 음(소리) ➡ (   )

6 다음 도형을 한붓그리기 한 후, 지나간 한자를 순서대로 쓰세요.

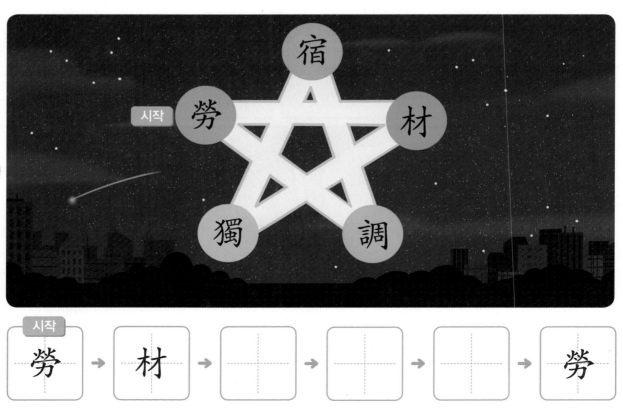

시작

勞 → 材 → ☐ → ☐ → ☐ → 勞

만화를 보고, 지금까지 배운 한자를 기억해 보세요.

1주 | 모임 한자

參 團 合 偉 旅 兵 部 類 奉 仕 責 任 必 要 特 說

2주 | 성질/행동 한자

性 質 材 獨 到 着 元 凶 勞 決 宿 洗 調 見 惡 害

모임 한자

1 예린이의 다이어리를 보고, 다음 물음에 답하세요.

❶ 설명 에 해당하는 한자를 다이어리에서 찾아 쓰세요.

> 설명
> 뜻은 '무리'이고 음(소리)은 '류'인 한자

답

❷ 가로 열쇠 와 세로 열쇠 를 참고하여 ☐ 안에 들어갈 한자를 다이어리에서 찾아 쓰세요.

> 가로 열쇠
> → 어떤 사실에 대하여 남이 잘 이해할 수 있도록 하는 말.

> 세로 열쇠
> ↓ 오래전부터 전하여 내려오는 이야기.

답

Tip
'傳'의 음(소리)은 ❶ ☐ (이)고, '明'의 음(소리)은 ❷ ☐ 입니다.

답 ❶ 전 ❷ 명

성질/행동 한자

2 영호의 알림장을 보고, 다음 물음에 답하세요.

2×××년　×월　×일　×요일	선생님 확인	보호자 확인

1. ㉠숙제: 수학 익힘책 73~74쪽의 문제 풀어 오기

2. 지금까지 작성한 식물 관찰 일지를 ㉡전부 가져 오기

3. 현장 학습을 위해 오전 8시 50분까지 박물관에 ㉢到着하기

❶ 밑줄 친 낱말에 해당하는 한자어를 보기 에서 찾아 쓰세요.

보기

宿題	洗手	全部	全體

・㉠ 숙제 ➡ ☐☐　☐☐　　　・㉡ 전부 ➡ ☐☐　☐☐

❷ 밑줄 친 한자어의 음(소리)을 쓰고, 현장 학습 날의 영호의 모습을 찾아 ◯표 하세요.

・㉢ '到着'의 음(소리) ➡ (　　　　　　　)

Tip
'무엇의 일부분이 아닌 모두.'를 뜻하는 한자어는 ☐입니다.

답 全部

모임/성질/행동 한자

3 친구들이 그린 작품들을 보고, 다음 물음에 답하세요.

偉大한 음악가

대한 獨立 만세!

파리에서 찰칵!

❶ 제목에 쓰인 한자어의 음(소리)과 그림을 바르게 선으로 이으세요.

위대 ·

독립 ·

❷ ☐ 안에 들어갈 한자어를 찾아 ∨표 하세요.

제가 그린 그림의 제목은
'파리에서 찰칵!'으로,
☐☐을 떠난 저의 모습을
그림으로 그렸습니다.

☐ 旅行

☐ 調和

Tip
'일이나 유람을 목적으로 다른 고장이나 외국에 가는 일.'을 뜻하는 한자어는 ☐☐입니다.

🄰 旅行

모임 한자

4 성은이의 한자 버튼 게임기를 보고, 다음 물음에 답하세요.

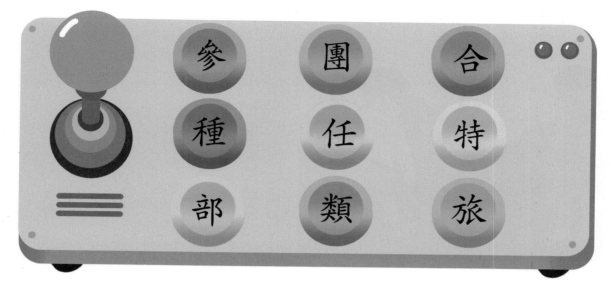

❶ 한자 버튼을 조합하여 설명에 해당하는 한자어를 쓰세요.

설명

어떤 기준에 따라 여러 가지
사물을 나눈 갈래.

답

❷ 규칙에 따라 버튼을 누르려 할 때, 잘못 누른 버튼을 찾아 ○표 하세요.

규칙

참여할 **참** ➡ 나그네 **려** ➡ 합할 **합** ➡ 맡길 **임** ➡ 특별할 **특**

Tip

'類'의 뜻은 ❶[   ](이)고, '合'의 음(소리)은 ❷[   ]입니다.

답 ❶ 무리 ❷ 합

[문제 01~02] 다음 밑줄 친 漢字語한자어의 讀音(독음: 읽는 소리)을 쓰세요.

    인간은 환경을 보호하는 일에 01 **責任**이 있음을 알아야 합니다. 그리고 환경을 보호하는 일에 적극적으로 02 **同參**해야 합니다.

01 責任 ➜ (   )

02 同參 ➜ (   )

[문제 03~04] 다음 漢字한자의 訓(훈: 뜻)과 音(음: 소리)을 쓰세요.

> 보기
>
> 字 ➜ 글자 **자**

03 類 ➜ (   )

04 參 ➜ (   )

[문제 05~06] 다음 뜻에 맞는 漢字語한자어를 보기 에서 찾아 그 번호를 쓰세요.

보기

① 說明   ② 特別

③ 偉大   ④ 必要

05 꼭 있어야 하거나 갖추어야 할 것.
            ➡ (   )

06 우러러 볼 만큼 매우 훌륭한 모습을 이르는 말. ➡ (   )

[문제 07~08] 다음 訓(훈: 뜻)과 音(음: 소리)을 가진 漢字한자를 쓰세요.

07 힘 력 ➡ (   )

08 설 립 ➡ (   )

[문제 09~10] 다음 漢字한자의 약자(略字: 획수를 줄인 漢字)를 쓰세요.

09 團 → (   )

10 參 → (   )

[문제 11~12] 다음 뜻에 맞는 漢字語한자어를 보기 에서 찾아 그 번호를 쓰세요.

보기

① 分類   ② 團合

③ 奉仕   ④ 合計

11 많은 사람이 마음과 힘을 한데 뭉침.
→ (   )

12 종류에 따라서 가름.
→ (   )

[문제 13~14] 다음 문장의 밑줄 친 漢字語한자어를 漢字한자로 쓰세요.

13 인터넷으로 <u>세계</u> 유산에 대해 조사했습니다. → (   )

14 집에서 기르는 <u>화초</u>들이 잘 자라 주었습니다. → (   )

[문제 15~16] 다음 漢字한자의 진하게 표시된 획은 몇 번째 쓰는지 에서 찾아 그 번호를 쓰세요.

보기
① 두 번째   ② 세 번째
③ 네 번째   ④ 다섯 번째

15 奉 (   )

16 偉 (   )

[문제 01~02] 다음 밑줄 친 漢字語한자어의 讀音(독음: 읽는 소리)을 쓰세요.

우리가 사는 세상은 다양한 01 特性을 지닌 사람들로 가득합니다. 서로 다르지만 02 調和를 이루며 살아가는 모습이 참 멋 있습니다.

01 特性 ➡ (   )

02 調和 ➡ (   )

[문제 03~04] 다음 漢字한자의 訓(훈: 뜻)과 音(음: 소리)을 쓰세요.

<보기>
愛 ➡ 사랑 애

03 獨 ➡ (   )

04 凶 ➡ (   )

[문제 05~06] 다음 뜻에 맞는 漢字語한자어를 보기 에서 찾아 그 번호를 쓰세요.

보기
① 傳說　　② 責任
③ 害惡　　④ 部類

05 꼭 하기로 하고 맡은 일.
→ (　　　　　)

06 오래전부터 전하여 내려오는 이야기.
→ (　　　　　)

[문제 07~08] 다음 四字成語사자성어의 (　) 속에 알맞은 漢字한자를 보기 에서 찾아 그 번호를 쓰세요.

보기
① 特　　② 石
③ 見　　④ 聞

07 大書(　)筆: 어떤 사실이나 사건을 뚜렷이 알리기 위해서 큰 글자로 보도하는 것.
→ (　　　　　)

08 (　)物生心: 어떠한 실물을 보게 되면 그것을 가지고 싶은 욕심이 생김.
→ (　　　　　)

[문제 09~10] 다음 뜻에 맞는 漢字語한자어를 보기 에서 찾아 그 번호를 쓰세요.

보기
① 發見　　② 旅行
③ 到着　　④ 功勞

09 목적한 곳에 다다름.
→ (　　　　　)

10 집을 떠나 이곳저곳을 두루 구경하며 다니는 일. → (　　　　　)

[문제 11~12] 다음 제시한 漢字語한자어와 뜻에 맞는 同音語동음어를 보기 에서 찾아 그 번호를 쓰세요.

보기
① 勞動　　② 着用
③ 洗手　　④ 下宿

11 老童-(　) : 몸을 움직여 일을 함.
→ (　　　　　)

12 世數-(　) : 손이나 얼굴을 씻음.
→ (　　　　　)

[문제 13~14] 다음 문장의 밑줄 친 漢字語 한자어를 漢字한자로 쓰세요.

13 키가 매년 쑥쑥 자랐습니다.
➡ ( )

[문제 15~16] 다음 漢字한자의 진하게 표시된 획은 몇 번째 쓰는지 보기 에서 찾아 그 번호를 쓰세요.

보기

① 다섯 번째   ② 여섯 번째
③ 일곱 번째   ④ 여덟 번째

15 材 ( )

14 내 방은 나에게 소중한 공간입니다.
➡ ( )

16 害 ( )

교과 학습 한자어 | 01 |

요 령

要	領
요긴할 요	거느릴 령

내 짝꿍은 아무리 숙제가 많아도 要領(요령)을 피우지 않는 우직한 성격을 지녔습니다.

뜻 적당히 해 넘기는 잔꾀. 또는 가장 중요하고 으뜸이 되는 것.

심화 한자 **1** 부수 頁 | 총 14획

領
거느릴 령

'거느리다'나 '다스리다', '통솔하다'를 뜻하는 한자예요. 대궐 앞에서 명령을 내리는 군주의 모습을 본떠 사람을 거느린다는 뜻을 나타내게 되었어요.

領	領		
거느릴 령	거느릴 령		

쓰는 순서 　丿　𠂉　乀　乆　令　令　𠂢　𠂢　領　領　領　領　領　領

교과 학습 한자어 | 02 |

어 류

魚	類
물고기 어	무리 류

바다 속에는 다양한 魚類(어류)가 살고 있습니다.

뜻 물속에 사는 척추동물로 지느러미가 있으며 아가미로 호흡하는 모든 물고기를 두루 가리키는 말.

심화 한자 **2** 부수 魚 | 총 11획

魚
물고기 어

'물고기'를 그린 한자예요. 물고기의 입과 지느러미를 그대로 묘사하여 지금의 한자가 되었어요.

魚	魚		
물고기 어	물고기 어		

쓰는 순서 　丿　𠂉　乆　乌　各　鱼　鱼　鱼　魚　魚　魚

참 고

참여할 참	생각할 고

뜻 살펴서 도움이 될 만한 재료로 삼음.

많은 자료를
參考(참고)하여
우리 지역 문화에 대해
공부하였습니다.

심화 한자 3 부수 老(耂) | 총 6획

考
생각할 고

'생각하다'나 '깊이 헤아리다'를 뜻하는 한자예요. 허리가 굽은 노인의 모습을 본뜬 것으로 노인을 보며 돌아가신 아버지를 생각한다 하여 이러한 뜻을 갖게 되었어요.

考	考		
생각할 고	생각할 고		

쓰는 순서 一 十 土 耂 考 考

재 해

재앙 재	해할 해

뜻 지진, 태풍, 홍수, 화재, 전염병 따위에
의하여 받게 되는 피해.

지구 온난화로 인한 자연
災害(재해)가 매년 늘어나고
있습니다.

심화 한자 4 부수 火 | 총 7획

災
재앙 재

'재앙'이나 '화재'를 뜻하는 한자예요. '화재'와 '홍수'가 가장 큰 재앙임을 표현했어요.

災	災		
재앙 재	재앙 재		

쓰는 순서 ` `` ``` ``` ``` ``` 災

교과 학습 한자어 | 05

경 합

다툴 경 / 합할 합

💬 두 선수는 우열을 가릴 수 없을 만큼 치열한 競合(경합)을 벌였습니다.

뜻 서로 맞서 겨룸.

심화 한자 **5** 부수 立 | 총 20획

競
다툴 경

'겨루다'나 '다투다'를 뜻하는 한자예요. 싸우는 두 노예를 본뜬 한자로 '다투다'나 '경쟁을 하다'를 뜻하게 되었어요.

競 / 競
다툴 경 / 다툴 경

쓰는 순서 ` ㆍ ㄱ ㄱㄱ 立 咅 咅 咅 竞 竞 竞 竞 竞 竞 竞 竞 競 競 競

교과 학습 한자어 | 06

독 창

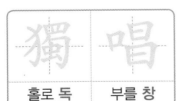

홀로 독 / 부를 창

💬 나는 이번 경연 대회에서 獨唱(독창) 부분을 맡았습니다.

뜻 혼자서 노래를 부름. 또는 그 노래.

심화 한자 **6** 부수 口 | 총 11획

唱
부를 창

'(노래를)부르다'나 '말을 꺼내다'를 뜻하는 한자예요. 태양 아래에서 아름다움을 노래한다는 의미에서 '부르다'를 뜻해요.

唱 / 唱
부를 창 / 부를 창

쓰는 순서 ㅣ ㅁ ㅁ 미 吅 吅 咱 唱 唱 唱 唱

---

1 다음 뜻에 해당하는 한자어를 찾아 ○표 하세요.

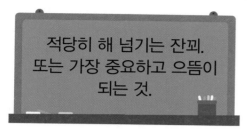

적당히 해 넘기는 잔꾀.
또는 가장 중요하고 으뜸이
되는 것.

물속에 사는 척추동물로
지느러미가 있으며 아가미로
호흡하는 모든 물고기를
두루 가리키는 말.

要領   必要   種類   魚類

2 다음 뜻에 해당하는 한자어를 찾아 선으로 이으세요.

살펴서 도움이 될
만한 재료로 삼음.   •

•◀ 參考

지진, 태풍, 홍수, 화재,
전염병 따위에 의하여
받게 되는 피해.   •

•◀ 災害

3 다음 뜻에 해당하는 한자어를 찾아 ○표 하세요.

서로 맞서 겨룸.

혼자서
노래를 부름.
또는 그 노래.

合同   競合   獨唱   獨立

셔터스톡

후편

59쪽 벨라루스의 강과 하늘 이미지(ⓒ Dmitry Abitotsky)

메모

기초 학습능력 강화 교재

연산이 즐거워지는 공부습관

똑똑한 하루
빅터연산

초등 연산의 빅데이터!
기초 탄탄 연산서
예비초~초2(각 A~D)
초3~6(각 A~B)

뭘 좋아할지 몰라 다 준비했어♥
전과목 교재

전과목 시리즈 교재

● 무등생 해법시리즈
– 국어/수학	1~6학년, 학기용
– 사회/과학	3~6학년, 학기용
– 봄·여름/가을·겨울	1~2학년, 학기용
– SET(전과목/국수, 국사과)	1~6학년, 학기용

● 똑똑한 하루 시리즈
– 똑똑한 하루 독해	예비초~6학년, 총 14권
– 똑똑한 하루 글쓰기	예비초~6학년, 총 14권
– 똑똑한 하루 어휘	예비초~6학년, 총 14권
– 똑똑한 하루 한자	예비초~6학년, 총 14권
– 똑똑한 하루 수학	1~6학년, 학기용
– 똑똑한 하루 계산	예비초~6학년, 총 14권
– 똑똑한 하루 도형	예비초~6학년, 총 8권
– 똑똑한 하루 사고력	1~6학년, 학기용
– 똑똑한 하루 사회/과학	3~6학년, 학기용
– 똑똑한 하루 봄/여름/가을/겨울	1~2학년, 총 8권
– 똑똑한 하루 안전	1~2학년, 총 2권
– 똑똑한 하루 Voca	3~6학년, 학기용
– 똑똑한 하루 Reading	초3~초6, 학기용
– 똑똑한 하루 Grammar	초3~초6, 학기용
– 똑똑한 하루 Phonics	예비초~초등, 총 8권

● 독해가 힘이다 시리즈
– 초등 문해력 독해가 힘이다 비문학편	3~6학년
– 초등 수학도 독해가 힘이다	1~6학년, 학기용
– 초등 문해력 독해가 힘이다 문장제수학편	1~6학년, 총 12권

영어 교재

● 초등영어 교과서 시리즈
파닉스(1~4단계)	3~6학년, 학년용
영단어(1~4단계)	3~6학년, 학년용

● LOOK BOOK 영단어
	3~6학년, 단행본

● 원서 읽는 LOOK BOOK 영단어
	3~6학년, 단행본

국가수준 시험 대비 교재

● 해법 기초학력 진단평가 문제집
	2~6학년·중1 신입생, 총 6권

급수 한자 필수 학습!
탄탄하게 다져두자!

한자
전략

급수 한자

정답과 부록

6단계 B

5급Ⅱ ②

천재교육

모르는 문제는
확실하게
알고 가자!

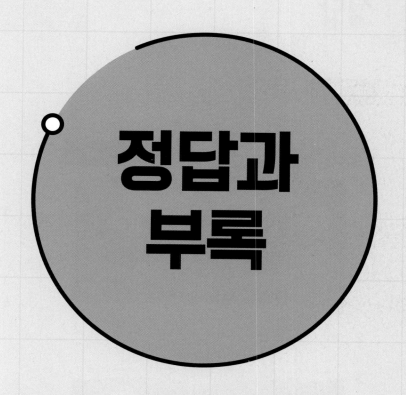

정답과 부록

6단계 B 5급 Ⅱ ②

전편 **1**주 **04**일

급수 한자 돌파 전략 ❶ 한자 기초 확인 　13, 15쪽

1

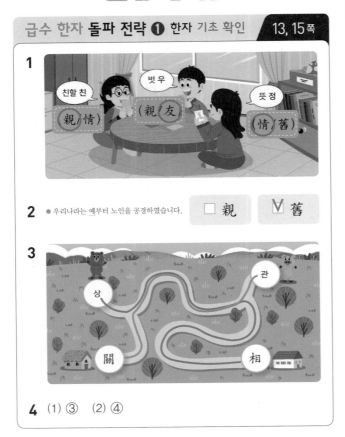

친할 친　벗 우　뜻 정
親/情　(親/友)　情/舊

2 ● 우리나라는 예부터 노인을 공경하였습니다.　☐ 親　☑ 舊

3

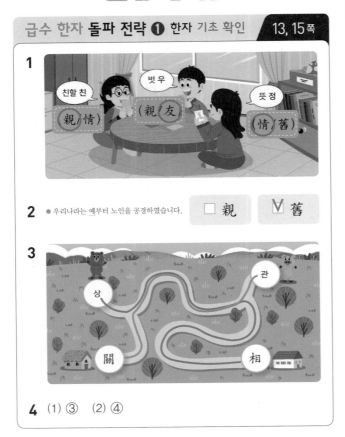

4 (1) ③　(2) ④

급수 한자 돌파 전략 ❷ 　16~17쪽

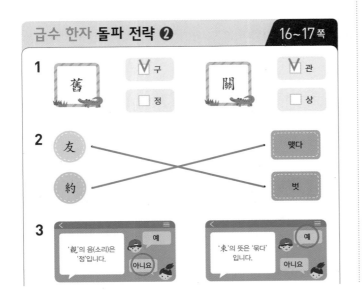

1 舊　☑ 구　☐ 정　關　☑ 관　☐ 상

2 友 ─ 맺다　約 ─ 벗

3 '親'의 음(소리)은 '정'입니다.　예　아니요
'束'의 뜻은 '묶다'입니다.　예　아니요

4

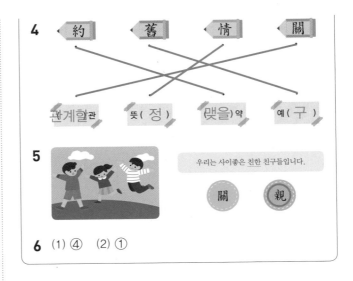

約　舊　情　關
관계할관　뜻(정)　맺을)약　예(구)

5 우리는 사이좋은 친한 친구들입니다.
關　親

6 (1) ④　(2) ①

1주 **02**일

급수 한자 돌파 전략 ❶ 한자 기초 확인 　19, 21쪽

1

德　공경　敬　크다

2 어질다 ▶ 량　사귀다 ▶ 교

3 (1) ㉠ ▶ 效　鮮　(2) ㉡ ▶ 본받다　믿다

4 (1) 신　(2) 통

급수 한자 돌파 전략 ❷

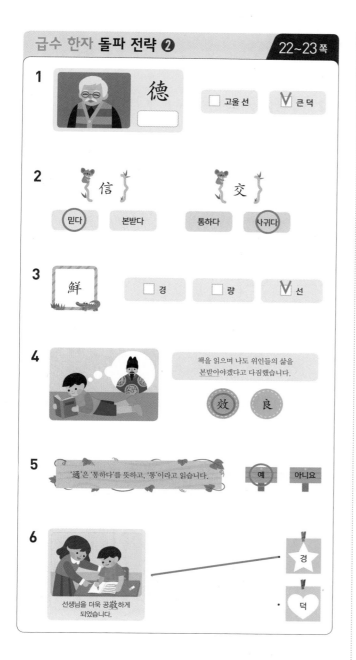

1 德 — □ 고울 선 ☑ 큰 덕

2 信 — ⨀ 믿다 본받다   交 — 통하다 ⨀ 사귀다

3 鮮 — □ 경 □ 량 ☑ 선

4 책을 읽으며 나도 위인들의 삶을 본받아야겠다고 다짐했습니다. 效 ⨀ 良

5 '通'은 '통하다'를 뜻하고, '통'이라고 읽습니다. ⨀ 예 아니요

6 선생님을 더욱 공경(恭敬)하게 되었습니다. ★ 경 ♥ 덕

1주 03일

급수 한자어 대표 전략 ❷

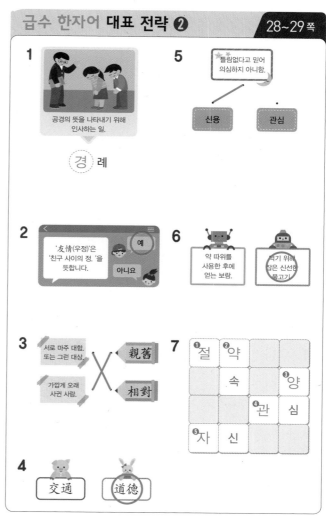

1 공경의 뜻을 나타내기 위해 인사하는 일. ⨀경 례

5 틀림없다고 믿어 의심하지 아니함. ⨀ 신용 관심

2 '友情(우정)'은 '친구 사이의 정.'을 뜻합니다. ⨀ 예 아니요

6 악 따위를 사용한 후에 얻는 보람. 먹기 위해 잡은 신선한 물고기.

3 서로 마주 대함. 또는 그런 대상. ✕ 親舊 가깝게 오래 사귄 사람. — 相對

7
❶절	❷약	
	속	❸양
		❹관	심
❺자	신	

4 交通 道德

1주 04일

급수 시험 체크 전략 ❶ 30~33쪽

필수 예제 01
(1) 양심 (2) 상대 (3) 친구 (4) 사정

필수 예제 02
(1) 뜻 정 (2) 친할 친 (3) 관계할 관 (4) 묶을 속

필수 예제 03
(1) 對 (2) 心 (3) 事 (4) 道

필수 예제 04
(1) ② (2) ① (3) ④ (4) ③

급수 시험 체크 전략 ❷ 34~35쪽

1 우정	5 ②
2 도덕	6 ③
3 공경 경	7 信
4 關	8 ④

누구나 만점 전략 36~37쪽

01 나는 親 □ 들과 술래잡기를 하였습니다.

舊　　束

02 ☑ 어질 량　　□ 벗 우

03 교통

04 (1) ② (2) ④

05 (1) ② (2) ③

06 敬禮　　相對

07 (1) ③ (2) ①

08 ②

09 ②

10 (1) 큰 덕 (2) 맺을 약

창의·융합·코딩 전략 ❶ 38~39쪽

1 약속, 양심

2 (관심 / 상대 / 사정 / 우정)

창의·융합·코딩 전략 ❷ 40~43쪽

1 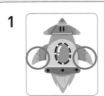 → (고울 선)

2
□ 德　☑ 約　□ 效

3 교통　　　　　4 양심

5 (1) 우정 (2) (約束 / 親舊)

6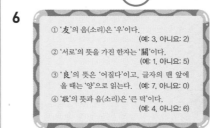
① '友'의 음(소리)은 '우'이다.
(예: 3, 아니요: 2)
② '서로'의 뜻을 가진 한자는 '關'이다.
(예: 1, 아니요: 5)
③ '良'의 뜻은 '어질다'이고, 글자의 맨 앞에 올 때는 '양'으로 읽는다. (예: 7, 아니요: 0)
④ '敬'의 뜻과 음(소리)은 '큰 덕'이다.
(예: 4, 아니요: 6)

내 휴대 전화 비밀번호는
3 5 7 6

7
낱말	버튼	가격
약속	⑤ + ①	900원
(친구)	(②+⑦)	900원
(교통)	(③+④)	1,000원

8
□ 道德
□ 敬禮
☑ 生鮮

급수 한자 돌파 전략 ❶ 한자 기초 확인 47, 49쪽

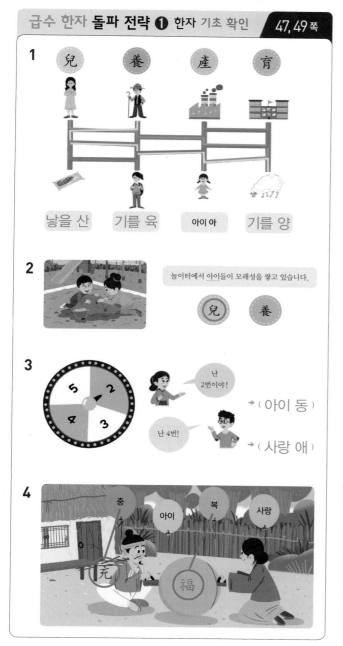

급수 한자 돌파 전략 ❷ 50~51쪽

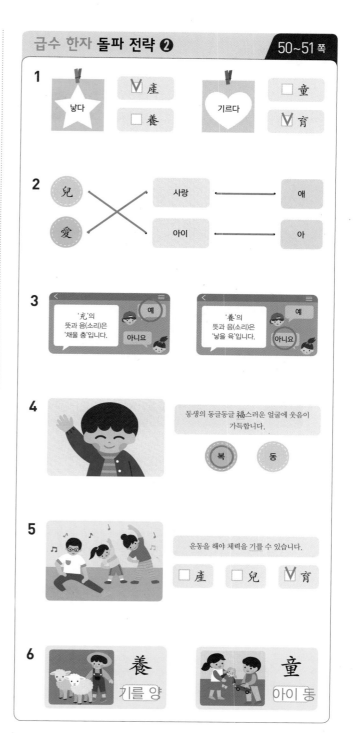

급수 한자 **돌파 전략 ①** 한자 기초 확인 53, 55쪽

1 (1) ① (2) ②

2
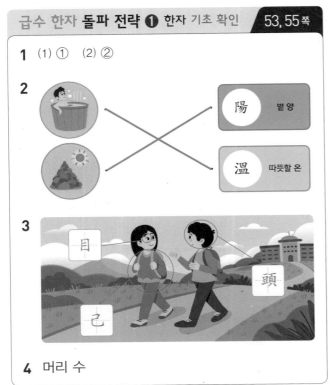

3

4 머리 수

급수 한자 **돌파 전략 ②** 56~57쪽

1 □ 몸 기   Ⅴ 눈 목

2   溫   따뜻하다 별   雨   비 머리

3
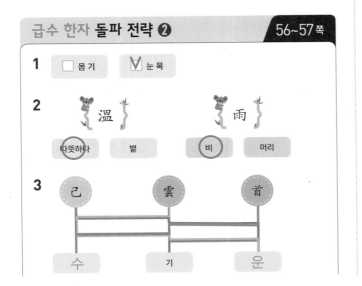
己   雲   首
수   기   운

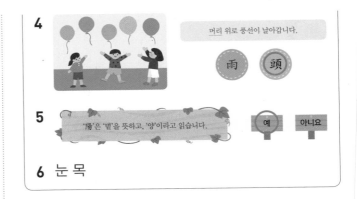

4 머리 위로 풍선이 날아갑니다.
雨   頭

5 '陽'은 '별'을 뜻하고, '양'이라고 읽습니다.
예   아니요

6 눈 목

급수 한자어 **대표 전략 ②** 62~63쪽

1 아이를 보살펴서 자라게 함.   아동
나이가 적은 아이.   양육

2 幸福   充分

3 '品目'은 '그 사람 자신.'을 뜻합니다.   예   아니요

4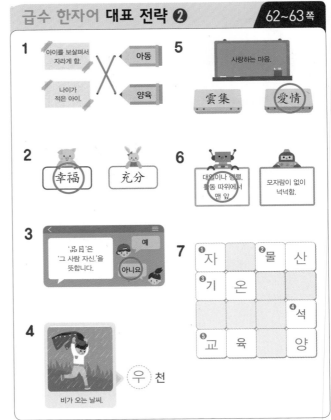
비가 오는 날씨.   우 천

5 사랑하는 마음.
雲集   愛情

6 대열이나 행렬, 활동 따위에서 맨 앞.   모자람이 없이 넉넉함.

7
❶자		❷물	산
❸기	온		
			❹석
❺교	육		양

2주 04일

급수 시험 체크 전략 ❶   64~67쪽

필수 예제 01
(1) 물산 (2) 운집 (3) 충분 (4) 애정

필수 예제 02
(1) 아이 아 (2) 머리 수 (3) 비 우 (4) 사랑 애

필수 예제 03
(1) ③ (2) ④ (3) ② (4) ①

필수 예제 04
(1) ③ (2) ① (3) ④ (4) ②

급수 시험 체크 전략 ❷   68~69쪽

1 아동	**5** ②
2 우천	**6** ②
3 구름 운	**7** 幸
4 ④	

누구나 만점 전략   70~71쪽

01 産 → 낳을 산
育 → 기를 육

02 産 陽

03 기온

04 ③

05 (1) ④ (2) ②

06 (自己) 物産

07 (1) ① (2) ③

08 ②

09 ①

10 (1) 머리 수 (2) 비 우

창의·융합·코딩 전략 ❶   72~73쪽

1 행복

2 ((物産) / 品目, 음(소리):   물산   )

창의·융합·코딩 전략 ❷   74~77쪽

1 석양

2

3 양육

4
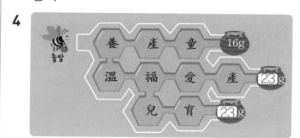

5

충분	행복	선두	아동	애정
(2)	(4)	(1)	(3)	(5)

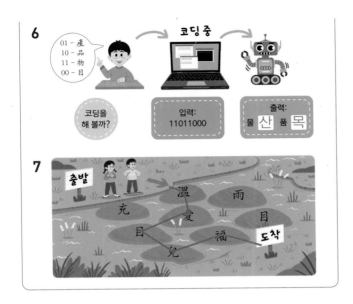

6
01 - 産
10 - 品
11 - 物
00 - 目

코딩 중

코딩을 해 볼까?

입력: 11011000

출력: 물 산 품 목

7

출발

溫 雨
充 愛
目 目
兄 福 도착

신유형 · 신경향 · 서술형 전략   80~83쪽

1

① · 親 → (친할 친)   · 友 → (벗 우)

② '친구 사이의 정'을 ( )(이)라고 해.

友情   事情

2 **①** · 關心 → (관심)
     · 約束 → (약속)

② 約束 · · 어떤 것에 마음이 끌려 주의를 기울임.

關心 · · 다른 사람과 앞으로의 일을 어떻게 할 것인가를 미리 정하여 둠.

3 **①** ②

② ☐ 성인용 운동화   ☐ 유아 물산 도서   ☑ 유아 양육 도서

4 **①** ①

② 미정: 엄마, 머리 ④ 가 아파요. 몸 ① 에 열도 있고요.

엄마: 그래, 병원에 가서 진료를 받아야겠다. 눈 ③ 도 부었구나.

적중 예상 전략 1회   84~87쪽

01 친구	09 信用
02 관심	10 童心
03 우정	11 信
04 약속	12 對
05 고울 선	13 ④
06 통할 통	14 ①
07 서로 상	15 ②
08 어질 량	16 ④

적중 예상 전략 2회   88~91쪽

01 품목	09 教育
02 우천	10 天氣
03 기온	11 育
04 석양	12 童
05 구름 운	13 ②
06 머리 두	14 ④
07 채울 충	15 ④
08 복 복	16 ①

교과 학습 한자어 **전략** 94~95쪽

1

良心 ⟮改良⟯

2

어떤 일에 열렬한
애정을 가지고
열중하는 마음.

• 無情

━━━ 熱情

3

	²축	복
¹수		
도		

4

'相思(상사)'는 '서로 생각하고 그리워 함.'을
뜻합니다.

예 아니요

급수 한자 **돌파 전략 ❶** 한자 기초 확인 11, 13쪽

1

2

합	참	위	단
크다	합하다	참여 하다	둥글다

3

려   등   부   군

旅   類   部   兵

4

兵 ━━ 병사 ━━ 병

類 ━━ 무리 ━━ 류

급수 한자 돌파 전략 ❷　　14~15쪽

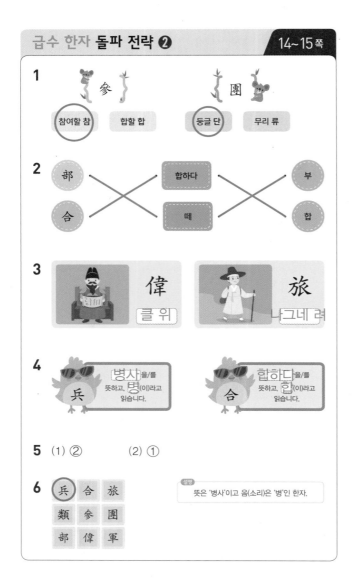

1 參 → 참여할 참 (○) / 합할 합
團 → 둥글 단 (○) / 무리 류

2
部 — 때 — 부
合 — 합하다 — 합

3
偉 클 위
旅 나그네 려

4
兵 → 「병사」을/를 뜻하고, 「병」(이)라고 읽습니다.
合 → 「합하다」을/를 뜻하고, 「합」(이)라고 읽습니다.

5 (1) ② 　　(2) ①

6
兵	合	旅
類	參	團
部	偉	軍

설명
뜻은 '병사'이고 음(소리)은 '병'인 한자.

1주 02일

급수 한자 돌파 전략 ❶ 한자 기초 확인　　17, 19쪽

1
| 奉 | 責 | 任 | 仕 (○) |
| 任 | 奉 | 仕 (○) | 責 |

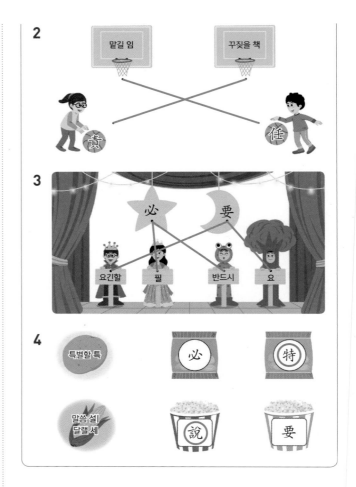

2
맡길 임 ╳ 꾸짖을 책
責 — 任

3
必 要
요긴할 / 필 / 반드시 / 요

4
특별할 특 → 必 / 特 (○)
말씀 설 / 달랠 세 → 說 / 要

급수 한자 돌파 전략 ❷　　20~21쪽

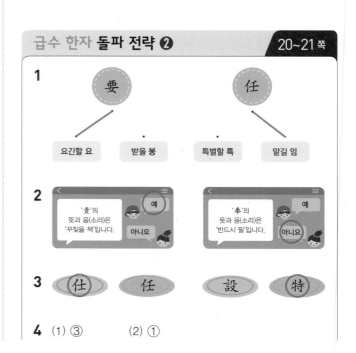

1
要 — 요긴할 요
任 — 맡길 임

2
'責'의 뜻과 음(소리)은 '꾸짖을 책'입니다. → 예 (○)
'奉'의 뜻과 음(소리)은 '반드시 필'입니다. → 아니요 (○)

3 仕 (○)　任　設　特

4 (1) ③ 　　(2) ①

5

5 奉   ✓ 받들 봉   ☐ 꾸짖을 책   ☐ 섬길 사

6
責 ②   必 ④   仕 ①

필수 예제 03
(1) ①   (2) ④   (3) ②   (4) ③

필수 예제 04
(1) ②   (2) ①   (3) ③   (4) ④

1주 03일

급수 한자어 대표 전략 ❷   26~27쪽

1
☐ 說明
✓ 旅行
집을 떠나 이곳저곳을 두루 구경하며 다니는 일.

4 ✓ 偉大   ☐ 全部

5 ②

6
모임이나 회의와 같은 자리에 참여함.
많은 사람들이 마음과 힘을 한데 뭉침.

2
兵力 ✕ 특색
特色 ✕ 병력

3
'團體'는 '여러 사람이 모여서 이룬 무리.'를 뜻합니다.   예 / 아니요

7
①동 · · ③전 ④설
②참 석 · · 명
· · ⑤종
· ⑥부 류

급수 시험 체크 전략 ❷   32~33쪽

1 생필품   5 団
2 합계   6 ④
3 요긴할 요   7 ①
4 ②   8 ②

누구나 만점 전략   34~35쪽

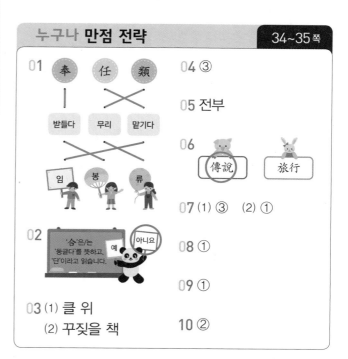

01 奉 任 類
받들다 무리 맡기다
✕
임 봉 류

04 ③

05 전부

06
傳說   旅行

02
'슴'은/는 '둥글다'를 뜻하고, '단'이라고 읽습니다.   예 / 아니요

07 (1) ③   (2) ①

08 ①

09 ①

03 (1) 클 위
   (2) 꾸짖을 책

10 ②

1주 04일

급수 시험 체크 전략 ❶   28~31쪽

필수 예제 01
(1) 외부   (2) 소설   (3) 기합   (4) 위인

필수 예제 02
(1) 받들 봉   (3) 클 위
(2) 특별할 특   (4) 둥글 단

창의·융합·코딩 전략 ❶   36~37쪽

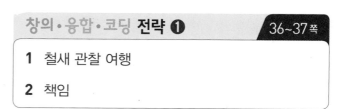

1 철새 관찰 여행

2 책임

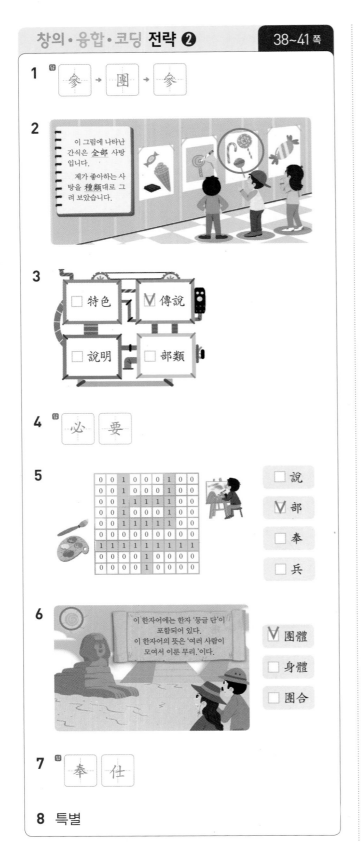

창의·융합·코딩 전략 ❷ | 38~41쪽

1 參 → 團 → 參

2 이 그림에 나타난 간식은 **全部** 사탕입니다.
제가 좋아하는 사탕을 **種類**대로 그려 보았습니다.

3 ☐ 特色 ☑ 傳說
☐ 說明 ☐ 部類

4 必 要

5 ☐ 說
☑ 部
☐ 奉
☐ 兵

6 이 한자어에는 한자 '둥글 단'이 포함되어 있다.
이 한자어의 뜻은 '여러 사람이 모여서 이룬 무리.'이다.
☑ 團體
☐ 身體
☐ 團合

7 奉 仕

8 특별

급수 한자 **돌파 전략 ❶** 한자 기초 확인 | 45, 47쪽

1 獨 — 홀로 / 독
質 — 바탕 / 질

2 性 生 材
性 材
才 性 木

3 遠 到 元 到
元 園 道 圖

4 着 → ☐ 잡을 착 ☑ 붙을 착
凶 → ☑ 흉할 흉 ☐ 향할 향

급수 한자 돌파 전략 ❷

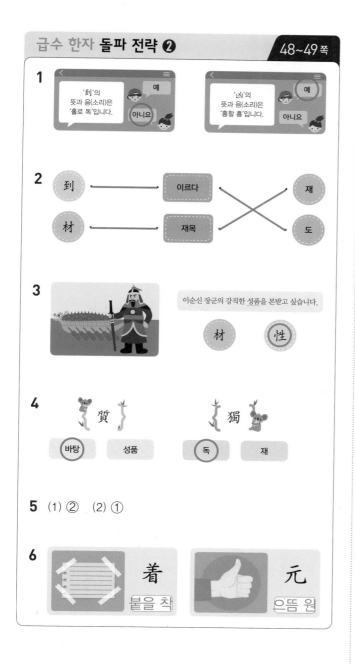

2주 02일

급수 한자 돌파 전략 ❶ 한자 기초 확인

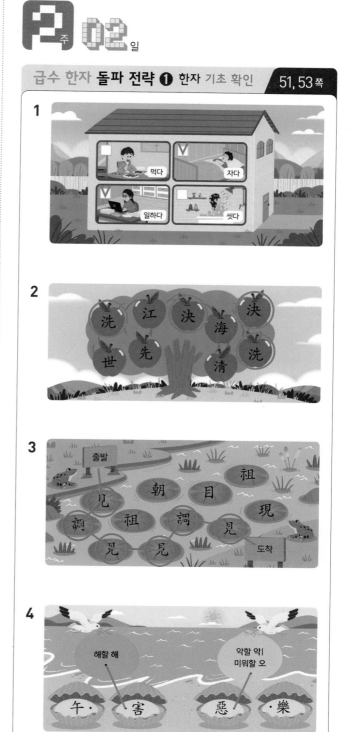

급수 한자 돌파 전략 ❷ — 54~55쪽

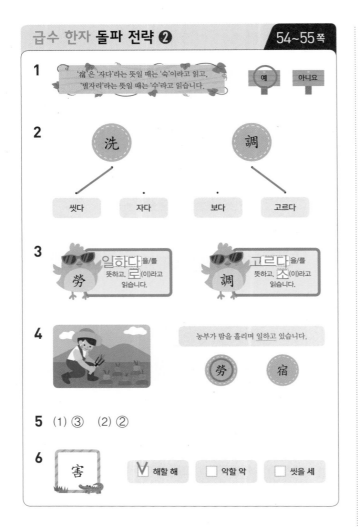

1 '宿'은 '자다'라는 뜻일 때는 '숙'이라고 읽고, '별자리'라는 뜻일 때는 '수'라고 읽습니다. — 예 / 아니요 → **예**

2
洗 — 씻다
調 — 고르다

3
勞 — 일하다을/를 뜻하고, 로(이)라고 읽습니다.
調 — 고르다을/를 뜻하고, 조(이)라고 읽습니다.

4 농부가 땀을 흘리며 일하고 있습니다. → 勞

5 (1) ③ (2) ②

6 害 → ✓ 해할 해 / 악할 악 / 씻을 세

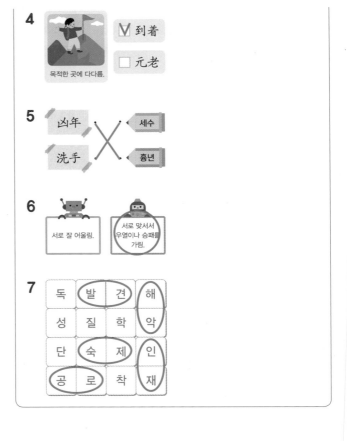

4 목적한 곳에 다다름. → ✓ 到着 / 元老

5
凶年 — 흉년
洗手 — 세수

6 서로 맞서서 우열이나 승패를 가림. (오른쪽 선택)

7
독	발	견	해
성	질	학	악
단	숙	제	인
공	로	착	재

급수 한자어 대표 전략 ❷ — 60~61쪽

1 서로 잘 어울림. → 調和 / 害惡 → **調和**

2 성질 / ✓ 특성

3 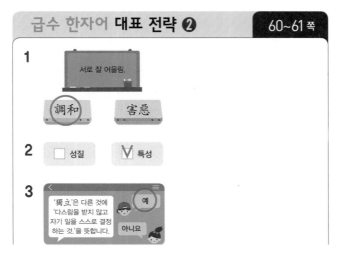 '獨효'은 다른 것에 '다스림을 받지 않고 자기 일을 스스로 결정 하는 것.'을 뜻합니다. — 예 / 아니요 → **예**

급수 시험 체크 전략 ❶ — 62~65쪽

필수 예제 01
(1) 착륙 (2) 흉악 (3) 노동 (4) 견학

필수 예제 02
(1) 성품 성 (3) 결단할 결
(2) 붙을 착 (4) 해할 해

필수 예제 03
(1) ② (2) ③ (3) ① (4) ④

필수 예제 04
(1) ① (2) ④ (3) ② (4) ③

급수 시험 체크 전략 ❷　66~67쪽

1 숙제	**5** ④
2 착지	**6** ①
3 재목 재	**7** ②
4 独	**8** ③

누구나 만점 전략　68~69쪽

01 성품 성　　바탕 질

02 책상 서랍에서 오래 된 연필을
發 □ 하였습니다.
(見 宿)

03 (1) ①
　　(2) ②

04 도착

05 ②

06 元老　功勞

07 ①, ②

08 (1) ①
　　(2) ③

09 (1) 바탕 질
　　(2) 으뜸 원

10 ①

창의·융합·코딩 전략 ❶　70~71쪽

1 가볍다. 튼튼하다. 색깔을 다양하게 만들어 낼
수 있다.

2 숙제

창의·융합·코딩 전략 ❷　72~75쪽

1

2 성질

3

4 15

5 독립

6
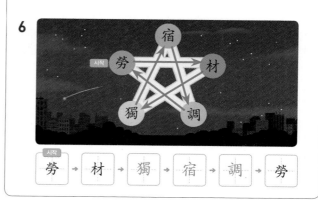

신유형·신경향·서술형 전략   78~81쪽

1 ❶ [類]

❷ [說]

2 ❶ ㉠ [宿][題]   ㉡ [全][部]

❷ ● ㉢ '到着'의 음(소리) → (도착)

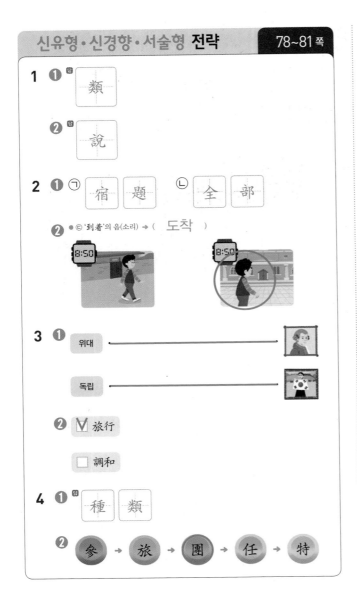

3 ❶ 위대 ——————— (그림)

독립 ——————— (그림)

❷ ☑ 旅行

☐ 調和

4 ❶ [種][類]

❷ 參 → 旅 → 團 → 任 → 特

적중 예상 전략 1회   82~85쪽

01 책임   06 ③

02 동참   07 力

03 무리 류   08 立

04 참여할 참   09 団

05 ④   10 參

---

11 ②   14 花草

12 ①   15 ④

13 世界   16 ③

적중 예상 전략 2회   86~89쪽

01 특성   09 ③

02 조화   10 ②

03 홀로 독   11 ①

04 흉할 흉   12 ③

05 ②   13 每年

06 ①   14 空間

07 ①   15 ②

08 ③   16 ②

교과 학습 한자어 전략   93쪽

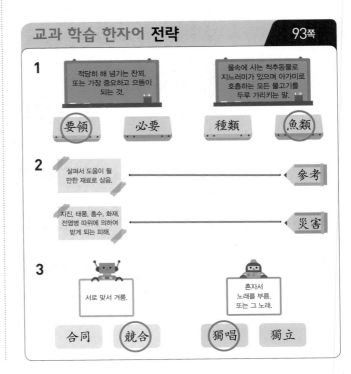

1 적당히 해 넘기는 잔꾀. 또는 가장 중요하고 으뜸이 되는 것. → 要領 / 必要 / 種類 / **魚類**

물속에 사는 척추동물로 지느러미가 있으며 아가미로 호흡하는 모든 물고기를 두루 가리키는 말.

2 살펴서 도움이 될 만한 재료로 삼음. ——— 參考

지진, 태풍, 홍수, 화재, 전염병 따위에 의하여 받게 되는 피해. ——— 災害

3 서로 맞서 겨룸. → 合同 / **競合**

혼자서 노래를 부름. 또는 그 노래. → **獨唱** / 獨立

價 값 가	ノ イ イ イ 俨 俨 俨 俨 價 價 價 價 價
부수 人(亻) | 총 15획	價 價

家 집 가	丶 宀 宀 宀 宁 宇 宇 家 家 家
부수 宀 | 총 10획	家 家

歌 노래 가	一 ニ 哥 哥 哥 哥 哥 哥 哥 哥 歌 歌 歌
부수 欠 | 총 14획	歌 歌

各 각각 각	ノ ク 夂 冬 各 各
부수 口 | 총 6획	各 各

角 뿔 각	ノ ク ア 戶 角 角 角
부수 角 | 총 7획	角 角

間 사이 간	丨 冂 冂 冂 門 門 門 門 門 間 間 間
부수 門 | 총 12획	間 間

感 느낄 감	ノ 厂 厂 厂 厉 咸 咸 咸 咸 感 感 感
부수 心 | 총 13획	感 感

強 강할 강	フ 弓 弓 弘 弘 弘 弘 強 強 強
부수 弓 | 총 11획	強 強

江 강 강	丶 丶 氵 氵 江 江
부수 水(氵) | 총 6획	江 江

開 열 개	丨 冂 冂 冂 門 門 門 門 門 閈 開 開
부수 門 | 총 12획	開 開

客 손 객 부수 宀 | 총 9획	丶 丶 宀 宀 少 安 客 客 客 客 客
車 수레 차 수레 거 부수 車 | 총 7획	一 厂 冃 冃 豆 車 車 車 車
格 격식 격 부수 木 | 총 9획	丶 丶 宀 宀 少 安 客 客 客 格 格
見 볼 견 뵈올 현 부수 見 | 총 7획	丨 冂 冂 冃 目 見 見 見 見
決 결단할 결 부수 水(氵) | 총 7획	丶 冫 氵 汀 江 決 決 決 決
結 맺을 결 부수 糸 | 총 12획	乙 幺 幺 牟 糸 糸 紆 紆 紆 結 結 結 結 結
敬 공경 경 부수 攵(攴) | 총 13획	一 十 世 艹 艹 芍 芍 苟 苟 苟 敬 敬 敬 敬 敬
京 서울 경 부수 亠 | 총 8획	丶 亠 亠 亠 古 亨 京 京 京 京
計 셀 계 부수 言 | 총 9획	丶 亠 亠 言 言 言 言 計 計 計
界 지경 계 부수 田 | 총 9획	丶 冂 囗 田 田 旵 炅 界 界 界 界

告 고할 고 부수 口 | 총 7획	ノ ト 牛 牛 牛 告 告
告 告	
高 높을 고 부수 高 | 총 10획	、 一 亠 亠 古 古 声 亮 高 高 高
高 高	
苦 쓸 고 부수 艸(艹) | 총 9획	一 十 十 艹 艹 苎 苎 苦 苦
苦 苦	
古 예 고 부수 口 | 총 5획	一 十 十 古 古
古 古	
功 공 공 부수 力 | 총 6획	一 十 廿 卅 共 共
功 功	
公 공평할 공 부수 八 | 총 4획	ノ 八 公 公
公 公	
空 빌 공 부수 穴 | 총 8획	、 丷 宀 宀 穴 空 空 空
空 空	
工 장인 공 부수 工 | 총 3획	一 丁 工
工 工	
共 한가지 공 부수 八 | 총 6획	一 十 廿 卅 共 共
共 共	
課 공부할/ 과정 과 부수 言 | 총 15획	、 一 二 三 言 言 言 訂 訂 訶 課 課 課
課 課	

科 과목 과 부수 禾 | 총 9획	一 二 千 禾 禾 禾 禾 科 科
	科 科

過 지날 과 부수 辶(辶) | 총 13획	丨 冂 冂 冂 冂 吊 吊 咼 咼 渦 過 過 過
	過 過

果 실과 과 부수 木 | 총 8획	丨 冂 冂 日 旦 甲 早 果
	果 果

觀 볼 관 부수 見 | 총 25획	一 ナ 艹 艹 莳 莳 莳 莳 莳 莳 荸 葟 葟 莑 藿 藿 藿 觀
	觀 觀

關 관계할 관 부수 門 | 총 19획	丨 ㄅ ㄅ ㄅ 門 門 門 門 門 悶 閅 閅 關 關 關 關 關 關
	關 關

廣 넓을 광 부수 广 | 총 15획	丶 一 广 广 庀 庁 庁 序 庐 庐 庸 庸 廣 廣
	廣 廣

光 빛 광 부수 儿 | 총 6획	丨 丬 丬 业 业 光 光
	光 光

交 사귈 교 부수 亠 | 총 6획	丶 一 亠 六 亣 交
	交 交

敎 가르칠 교 부수 攵(攴) | 총 11획	丿 丿 乄 爻 爻 夅 夅 夅 敎 敎 敎
	敎 敎

校 학교 교 부수 木 | 총 10획	一 十 才 木 术 杧 杧 杧 杦 校
	校 校

具 갯출 구 부수 八 | 총 8획	丨 冂 冂 目 目 且 具 具
	具 具
球 공 구 부수 玉(王) | 총 11획	一 二 千 王 王′ 玏 玏 球 球 球
	球 球
區 구분할/지경 구 부수 匚 | 총 11획	一 匚 匸 匹 匹 區 區 區 區 區 區
	區 區
九 아홉 구 부수 乙(九) | 총 2획	丿 九
	九 九
舊 예 구 부수 臼 | 총 18획	一 十 艹 茾 莅 莅 莅 莅 莅 崔 崔 崔 崔 舊 舊 舊
	舊 舊
口 입 구 부수 口 | 총 3획	丨 冂 口
	口 口
局 판 국 부수 尸 | 총 7획	乛 尸 尸 尸 局 局 局
	局 局
國 나라 국 부수 囗 | 총 11획	丨 冂 冂 冂 同 同 國 國 國 國 國
	國 國
郡 고을 군 부수 邑(阝) | 총 10획	乛 彐 ヨ 尹 君 君 君 君′ 郡 郡
	郡 郡
軍 군사 군 부수 車 | 총 9획	丶 冖 冖 冃 軍 軍 軍 軍 軍
	軍 軍

根 뿌리 근 부수 木 | 총 10획	一 十 才 木 札 杞 杞 根 根 根
近 가까울 근 부수 辵(辶_) | 총 8획	´ 厂 厂 斤 斤 沂 沂 近
今 이제 금 부수 人 | 총 4획	ノ 人 今 今
金 쇠 금|성 김 부수 金 | 총 8획	ノ 人 스 今 全 全 金 金
急 급할 급 부수 心 | 총 9획	ノ ′ ′ 刍 刍 负 急 急 急
級 등급 급 부수 糸 | 총 10획	´ ∠ 幺 幺 牟 糸 糸 糽 紉 級
基 터 기 부수 土 | 총 11획	一 十 廾 甘 甘 其 其 其 其 基
己 몸 기 부수 己 | 총 3획	一 コ 己
旗 기 기 부수 方 | 총 14획	、 一 方 方 扩 扩 扩 扩 游 旗 旗 旗
記 기록할 기 부수 言 | 총 10획	、 一 二 三 言 言 言 記 記 記

氣 기운 기 부수 气 | 총 10획	ノ ノ ノ 气 气 气 氘 氛 氣 氣
	氣 氣

男 사내 남 부수 田 | 총 7획	ノ 丨 冂 曰 田 田 男 男
	男 男

南 남녘 남 부수 十 | 총 9획	一 十 十 冇 冇 冇 南 南 南
	南 南

內 안 내 부수 入 | 총 4획	丨 冂 内 内
	内 内

女 여자 녀 부수 女 | 총 3획	く 女 女
	女 女

年 해 년 부수 干 | 총 6획	ノ ノ 仁 仨 年 年
	年 年

念 생각 념 부수 心 | 총 8획	ノ 人 仝 今 今 念 念 念
	念 念

農 농사 농 부수 辰 | 총 13획	丶 冂 曰 曲 曲 曲 曲 严 严 严 農 農 農
	農 農

能 능할 능 부수 肉(月) | 총 10획	厶 厶 厃 台 台 能 能 能 能 能
	能 能

多 많을 다 부수 夕 | 총 6획	ノ ク タ タ 多 多
	多 多

團 둥글 단 부수 囗 | 총 14획	丨 冂 冂 冂 同 同 同 圃 圃 圍 圍 團 團 團
短 짧은 단 부수 矢 | 총 12획	丿 丿 卜 午 矢 矢 矢 短 短 短 短 短
答 대답 답 부수 竹(⺮) | 총 12획	丿 丿 卜 卜 竹 竹 竺 竺 笅 答 答 答
當 마땅 당 부수 田 | 총 13획	丨 丨 丨 ⺌ ⺌ 尚 尚 尚 當 當 當 當 當
堂 집 당 부수 土 | 총 11획	丨 丨 丨 ⺌ ⺌ 尚 尚 尚 堂 堂 堂
代 대신할 대 부수 人(亻) | 총 5획	丿 亻 亻 代 代
對 대할 대 부수 寸 | 총 14획	丨 丨 丨 ⺌ 业 业 业 举 举 举 对 对 對 對
待 기다릴 대 부수 彳 | 총 9획	丿 夂 彳 彳 彳 往 往 待 待
大 큰 대 부수 大 | 총 3획	一 ナ 大
德 큰 덕 부수 彳 | 총 15획	丿 夂 彳 彳 彳 彳 徃 徆 徳 徳 徳 德 德

圖 그림 도 부수 囗 | 총 14획	丨 冂 冂 冋 冋 冏 冏 冏 圖 圖 圖 圖 圖 圖
	圖 圖
道 길 도 부수 辵(辶) | 총 13획	丶 丷 丷 艹 艹 芦 首 首 首 渞 渞 道 道
	道 道
度 법도 도 | 헤아릴 탁 부수 广 | 총 9획	丶 广 广 广 庐 庐 庐 廖 度
	度 度
到 이를 도 부수 刀(刂) | 총 8획	一 工 互 五 圣 至 到 到
	到 到
讀 읽을 독 | 구절 두 부수 言 | 총 22획	言 訁 訃 訐 訐 讀 讀 讀 讀 讀 讀 讀 讀 讀 讀
	讀 讀
獨 홀로 독 부수 犬(犭) | 총 16획	丿 犭 犭 犭 犷 犷 犸 狃 狃 犸 狩 狩 獨 獨 獨 獨
	獨 獨
冬 겨울 동 부수 冫 | 총 5획	丿 夂 夂 冬 冬
	冬 冬
洞 골 동 | 밝을 통 부수 水(氵) | 총 9획	丶 丶 氵 汀 汈 洞 洞 洞 洞
	洞 洞
東 동녘 동 부수 木 | 총 8획	一 厂 戸 币 百 車 東 東
	東 東
童 아이 동 부수 立 | 총 12획	丶 亠 立 产 产 音 音 音 音 童 童
	童 童

動 움직일 동 부수 力 | 총 11획	一 一 f 台 台 台 旨 重 重 動 動
同 한가지 동 부수 口 | 총 6획	丨 冂 冂 同 同 同
頭 머리 두 부수 頁 | 총 16획	一 一 亏 可 豆 豆 豆 豆 豇 頭 頭 頭 頭 頭 頭
等 무리 등 부수 竹(艹) | 총 12획	ノ ト ゲ ゲ ゲ 竺 笃 等 笁 笁 等 等
登 오를 등 부수 癶 | 총 12획	フ ㄱ ㄱ ㄉ 癶 癶 癶 容 容 咎 登 登
樂 즐길 락 | 노래 악 | 좋아할 요 부수 木 | 총 15획	′ ′ ń 白 白 伯 妇 妇 姚 鄉 幾 樂 樂 樂
朗 밝을 랑 부수 月 | 총 11획	丶 亠 与 ㅋ 自 自 良 郎 朗 朗 朗
來 올 래 부수 人 | 총 8획	一 一 万 兀 卆 來 來 來
良 어질 량 부수 艮 | 총 7획	丶 亠 与 ㅋ 自 良 良
旅 나그네 려 부수 方 | 총 10획	丶 亠 亍 方 方 扩 扩 旅 旅 旅

歷 지날 력 부수 止 | 총 16획	一 厂 厂 厂 厈 厗 厤 厤 厤 厤 厤 厤 厤 厤 歷 歷 歷
力 힘 력 부수 力 | 총 2획	丁 力
練 익힐 련 부수 糸 | 총 15획	乚 幺 幺 幺 糸 糸 糸 紵 紵 紵 紳 紳 練 練 練
例 법식 례 부수 人(亻) | 총 8획	丿 亻 亻 伢 例 例 例 例
禮 예도 례 부수 示 | 총 18획	一 二 〒 亓 示 礻 礽 祀 神 神 禮 禮 禮 禮 禮 禮 禮 禮
路 길 로 부수 足(𧾷) | 총 13획	丶 ロ ロ 卫 𧾷 𧾷 趵 趵 趵 政 路 路 路
老 늙을 로 부수 老 | 총 6획	一 十 土 耂 耂 老
勞 일할 로 부수 力 | 총 12획	丶 丷 丷 丷 𤇾 𤇾 𤇾 𤇾 𤇾 勞 勞 勞
綠 푸를 록 부수 糸 | 총 14획	乚 幺 幺 幺 糸 糸 紵 紵 紵 綒 綠 綠 綠 綠
類 무리 류 부수 頁 | 총 19획	丶 丷 丷 半 半 米 米 米 类 类 类 类 类 類 類 類 類 類 類

流 흐를 류 부수 水(氵) | 총 10획	丶 丶 氵 氵 汸 浐 浐 洔 济 流
流		流 流
陸 뭍 륙 부수 阜(阝) | 총 11획	⁊ ⁊ 阝 阝 阡 阼 阹 陸 陸 陸
陸		陸 陸
六 여섯 륙 부수 八 | 총 4획	丶 一 亠 六
六		六 六
理 다스릴 리 부수 玉(王) | 총 11획	一 二 千 王 玔 玾 珄 珄 理 理
理		理 理
里 마을 리 부수 里 | 총 7획	丨 冂 日 日 旦 里 里
里		里 里
李 오얏/성 리 부수 木 | 총 7획	一 十 才 木 本 李 李
李		李 李
利 이할 리 부수 刀(刂) | 총 7획	丿 二 千 禾 禾 利 利
利		利 利
林 수풀 림 부수 木 | 총 8획	一 十 才 木 朾 材 材 林
林		林 林
立 설 립 부수 立 | 총 5획	丶 一 六 立 立
立		立 立
萬 일만 만 부수 艸(艹) | 총 13획	一 十 艹 艹 芇 芇 苩 莒 莒 萬 萬 萬
萬		萬 萬

望 바랄 망 부수 月 | 총 11획	` ` ` ` ` ` ` 切 切 钔 钔 钽 望 望 望
每 매양 매 부수 母 | 총 7획	` ` ` 亡 与 与 每 每
面 낯 면 부수 面 | 총 9획	一 ァ ァ 丙 而 而 面 面
命 목숨 명 부수 口 | 총 8획	ノ 人 人 스 合 合 命 命
明 밝을 명 부수 日 | 총 8획	l �ΙΊ Ⅱ 日 日 明 明 明
名 이름 명 부수 口 | 총 6획	ノ ク タ タ 名 名
母 어머니 모 부수 母 | 총 5획	レ 夕 夕 母 母
目 눈 목 부수 目 | 총 5획	l ΙΊ 刖 月 目
木 나무 목 부수 木 | 총 4획	一 十 オ 木
文 글월 문 부수 文 | 총 4획	` ` 二 亠 文

聞 들을 문 부수 耳	총 14획	丨 卩 卩 卩 門 門 門 門 門 門 門 聞 聞 聞
	聞 聞

門 문 문 부수 門	총 8획	丨 卩 卩 卩 門 門 門
	門 門

問 물을 문 부수 口	총 11획	丨 卩 卩 卩 門 門 門 門 問 問
	問 問

物 물건 물 부수 牛	총 8획	丿 丿 牛 牛 牛 物 物 物
	物 物

米 쌀 미 부수 米	총 6획	丶 丷 二 半 米 米
	米 米

美 아름다울 미 부수 羊	총 9획	丶 丷 二 二 半 羊 美 美 美
	美 美

民 백성 민 부수 氏	총 5획	丁 コ 戸 尺 民
	民 民

朴 성 박 부수 木	총 6획	一 十 才 木 利 朴
	朴 朴

班 나눌 반 부수 玉(王)	총 10획	一 二 千 王 王 玗 玒 玭 班 班
	班 班

反 돌이킬/ 돌아올 반 부수 又	총 4획	一 厂 反 反
	反 反

半 반반 부수 十 | 총 5획	ノ ハ ハ ニ 半 半 半
發 필발 부수 癶 | 총 12획	フ ヲ ヲ ヺ ヺ 癶 癶 癶 癶 彂 彂 彂 彂 發 發 發
放 놓을 방 부수 攵(攴) | 총 8획	ヽ 一 亍 方 方 扩 放 放 放 放
方 모방 부수 方 | 총 4획	ヽ 一 亍 方 方 方
百 일백 백 부수 白 | 총 6획	一 一 丆 丆 百 百 百 百
白 흰 백 부수 白 | 총 5획	ノ ノ 白 白 白 白 白
番 차례 번 부수 田 | 총 12획	ノ 一 ㄇ 平 平 采 采 番 番 番 番 番 番
法 법법 부수 水(氵) | 총 8획	ヽ ヽ 氵 氵 汁 注 法 法 法 法
變 변할 변 부수 言 | 총 23획	言 言 結 結 結 結 結 結 絲 絲 絲 絲 絲 絲 變 變 變 變
別 다를/나눌 별 부수 刀(刂) | 총 7획	ヽ 口 口 号 另 別 別 別 別

兵	병사 병	一 厂 F 斤 丘 丘 兵 兵
부수 八 | 총 7획		兵 兵

病	병 병	、 一 广 广 疒 疒 疒 病 病 病
부수 疒 | 총 10획		病 病

福	복 복	一 二 亍 亓 示 礻 礻 礻 礻 福 福 福 福 福
부수 示 | 총 14획		福 福

服	옷 복	丿 刀 月 月 月ˊ 服 服 服
부수 月 | 총 8획		服 服

本	근본 본	一 十 才 木 本
부수 木 | 총 5획		本 本

奉	받들 봉	一 二 三 丰 夫 夫 表 奉
부수 大 | 총 8획		奉 奉

部	떼 부	、 亠 亠 六 立 产 音 音 音ˊ 部ˋ 部
부수 邑(阝) | 총 11획		部 部

夫	지아비 부	一 二 夫 夫
부수 大 | 총 4획		夫 夫

父	아버지 부	丿 八 父 父
부수 父 | 총 4획		父 父

北	북녘 북|달아날 배	丨 十 丬 北 北
부수 匕 | 총 5획		北 北

分 나눌 분 부수 刀 | 총 4획	ノ 八 分 分
	分 分
不 아닐 불 부수 不 | 총 4획	一 ア ア 不
	不 不
四 넉 사 부수 囗 | 총 5획	丨 冂 冂 四 四
	四 四
社 모일 사 부수 示 | 총 8획	一 二 亍 亓 示 礻 社 社
	社 社
史 사기 사 부수 口 | 총 5획	ノ 口 口 史 史
	史 史
士 선비 사 부수 士 | 총 3획	一 十 士
	士 士
仕 섬길 사 부수 人(亻) | 총 5획	ノ 亻 亻 什 仕
	仕 仕
事 일 사 부수 亅 | 총 8획	一 一 亘 亘 写 写 耳 事
	事 事
死 죽을 사 부수 歹 | 총 6획	一 プ 歹 歹 死 死
	死 死
使 하여금/ 부릴 사 부수 人(亻) | 총 8획	ノ 亻 亻 仁 仨 佢 使 使
	使 使

産 낳을 산 부수 生 | 총 11획	`丶 亠 ㇒ 立 立 产 产 产 产 産 産` 産 産
算 셈 산 부수 竹(⺮) | 총 14획	`丿 ㇒ 𠂉 竹 竹 竹 竹 符 符 笪 笪 笪 算 算` 算 算
山 메 산 부수 山 | 총 3획	`丨 山 山` 山 山
三 석 삼 부수 一 | 총 3획	`一 二 三` 三 三
商 장사 상 부수 口 | 총 11획	`丶 亠 亠 产 产 产 产 商 商 商` 商 商
相 서로 상 부수 目 | 총 9획	`一 十 才 木 机 机 相 相 相` 相 相
上 윗 상 부수 一 | 총 3획	`丨 卜 上` 上 上
色 빛 색 부수 色 | 총 6획	`丿 ㇇ 夕 夕 色 色` 色 色
生 날 생 부수 生 | 총 5획	`丿 ㇒ 生 生 生` 生 生
書 글 서 부수 曰 | 총 10획	`㇇ ㇆ ㇕ ㄱ ㅋ 聿 聿 書 書 書` 書 書

西 서녘 서 부수 襾 | 총 6획	ー ー ㅠ ㅠ 两 西	西 西
石 돌 석 부수 石 | 총 5획	ー ナ ア 石 石	石 石
席 자리 석 부수 巾 | 총 10획	、 ー 广 广 庐 庐 庐 庐 席 席	席 席
夕 저녁 석 부수 夕 | 총 3획	ノ ク 夕	夕 夕
鮮 고울 선 부수 魚 | 총 17획	ノ ク ク 午 各 各 各 魚 魚 魚 魚 魚 魚 鮮 鮮 鮮 鮮	鮮 鮮
先 먼저 선 부수 儿 | 총 6획	ノ ノ 七 生 步 先	先 先
仙 신선 선 부수 人(亻) | 총 5획	ノ ノ 亻 仙 仙	仙 仙
線 줄 선 부수 糸 | 총 15획	丶 ㄴ ㄠ 幺 糸 糸 糸 糹 糾 紡 約 絹 綧 線 線	線 線
雪 눈 설 부수 雨 | 총 11획	ー ー ㅠ ㅠ 币 雨 雨 雲 雪 雪 雪	雪 雪
說 말씀 설 | 달랠 세 부수 言 | 총 14획	丶 ㄴ ㅗ 亠 言 言 言 言 訂 訂 訡 訥 說 說	說 說

省 살필 성|덜 생 부수 目 | 총 9획	ノ 小 小 少 少 少 省 省 省
姓 성 성 부수 女 | 총 8획	く く 女 女 女 女 姓 姓
性 성품 성 부수 心(忄) | 총 8획	` ` 忄 忄 忄 忄 性 性
成 이룰 성 부수 戈 | 총 7획	ノ 厂 厂 万 成 成 成
洗 씻을 세 부수 水(氵) | 총 9획	` ` 氵 氵 氵 汼 泮 泮 洗
歲 해 세 부수 止 | 총 13획	` 止 止 止 产 产 产 产 岸 岸 歲 歲 歲
世 인간 세 부수 一 | 총 5획	一 十 廿 廿 世
所 바 소 부수 戶 | 총 8획	` 彐 彐 戶 戶 所 所 所
消 사라질 소 부수 水(氵) | 총 10획	` ` 氵 氵 氵 氵 沪 消 消 消
小 작을 소 부수 小 | 총 3획	丿 小 小

| 少 적을 소 | ⅃ 小 小 少 |
| 부수 小 \| 총 4획 | 少 少 |

| 束 묶을 속 | 一 ⼕ ⼕ 口 束 束 束 |
| 부수 木 \| 총 7획 | 束 束 |

| 速 빠를 속 | 一 ⼕ ⼕ 口 束 束 束 速 速 速 速 |
| 부수 辵(辶) \| 총 11획 | 速 速 |

| 孫 손자 손 | ⼍ 了 子 子 孑 孫 孫 孫 孫 孫 |
| 부수 子(孑) \| 총 10획 | 孫 孫 |

| 首 머리 수 | 丶 丷 丷 丷 首 首 首 首 首 |
| 부수 首 \| 총 9획 | 首 首 |

| 樹 나무 수 | 一 十 才 木 杧 柑 桂 桂 桔 桔 桔 樹 樹 樹 樹 樹 |
| 부수 木 \| 총 16획 | 樹 樹 |

| 手 손 수 | 一 ⼆ 三 手 |
| 부수 手 \| 총 4획 | 手 手 |

| 數 셈 수 | 丶 口 甲 田 田 吕 吕 曲 婁 婁 婁 數 數 數 數 |
| 부수 攴(攵) \| 총 15획 | 數 數 |

| 水 물 수 | ⅃ 水 水 水 |
| 부수 水 \| 총 4획 | 水 水 |

| 宿 잘 숙\|별자리 수 | 丶 丷 宀 宀 宁 宁 宿 宿 宿 宿 宿 |
| 부수 宀 \| 총 11획 | 宿 宿 |

順 순할 순 부수 頁 | 총 12획	ノ ノ 川 〕 川 川 順 順 順 順 順 順
術 재주 술 부수 行 | 총 11획	ノ ノ 彳 彳 升 行 術 術 術 術 術
習 익힐 습 부수 羽 | 총 11획	7 7 コ 刁 刁 羽 羽 羽 習 習 習
勝 이길 승 부수 力 | 총 12획	ノ 刀 月 月 月 胖 胖 胖 胖 朕 勝 勝
時 때 시 부수 日 | 총 10획	l 冂 月 日 日 旷 旷 昨 時 時
始 비로소 시 부수 女 | 총 8획	く 夕 女 女 如 始 始 始
市 저자 시 부수 巾 | 총 5획	丶 亠 广 冇 市
食 밥/먹을 식 부수 食 | 총 9획	ノ 人 人 今 今 今 食 食 食
式 법 식 부수 弋 | 총 6획	一 二 テ 王 式 式
植 심을 식 부수 木 | 총 12획	一 十 才 木 木 栌 栌 柿 柿 植 植 植

識 알 식 부수 言 | 총 19획	丶 亠 二 亖 言 言 言 言 言 訁 訁 訂 詝 詝 詝 識 識 識
臣 신하 신 부수 臣 | 총 6획	一 丁 万 百 丐 臣
神 귀신 신 부수 示 | 총 10획	一 二 亓 亓 示 礻 和 和 神 神
身 몸 신 부수 身 | 총 7획	丶 丿 门 自 自 身 身
信 믿을 신 부수 人(亻) | 총 9획	丿 亻 亻 亻 信 信 信 信 信
新 새 신 부수 斤 | 총 13획	丶 亠 亠 立 立 辛 辛 亲 亲 新 新 新 新
實 열매 실 부수 宀 | 총 14획	丶 丷 宀 宀 宀 宇 宙 宵 宵 宵 實 實 實
失 잃을 실 부수 大 | 총 5획	丿 二 二 生 失
室 집 실 부수 宀 | 총 9획	丶 丷 宀 宀 宁 宏 室 室 室
心 마음 심 부수 心 | 총 4획	丶 心 心 心

十 열 십 부수 十 | 총 2획	一 十
兒 아이 아 부수 儿 | 총 8획	` 丷 丷 臼 臼 白 兒 兒
惡 악할 악| 미워할 오 부수 心 | 총 12획	一 丁 丆 丙 亞 亞 亞 亞 惡 惡 惡
安 편안 안 부수 宀 | 총 6획	` 丷 宀 宀 安 安
愛 사랑 애 부수 心 | 총 13획	` 丷 ⺈ ⺈ 爫 爫 恶 恶 悉 悉 愛 愛 愛
夜 밤 야 부수 夕 | 총 8획	` 亠 广 产 产 夜 夜 夜
野 들 야 부수 里 | 총 11획	丶 口 日 日 旦 甲 里 野 野 野 野
約 맺을 약 부수 糸 | 총 9획	` ⺌ 幺 糸 糸 糸 約 約 約
藥 약 약 부수 艸(⺾) | 총 19획	一 十 世 艹 艹 艹 艻 苩 苩 蒳 蒳 葯 薌 薌 薌 蕐 藥 藥
弱 약할 약 부수 弓 | 총 10획	` 丆 弓 弓 弱 弱 弱 弱 弱 弱

養 기를 양 부수 食 | 총 15획	丶 丷 ⺊ 丷 ⺀ 羊 羊 美 美 養 養 養 養 養 養
	養 養
陽 볕 양 부수 阜(阝) | 총 12획	⻘ ⻗ ⻖ ⻖ ⻖ ⻖ ⻖ ⻖ ⻖ 陽 陽
	陽 陽
洋 큰바다 양 부수 水(氵) | 총 9획	丶 丶 氵 氵 氵 汧 洋 洋 洋
	洋 洋
語 말씀 어 부수 言 | 총 14획	丶 一 亠 言 言 言 言 訂 訂 語 語 語 語
	語 語
言 말씀 언 부수 言 | 총 7획	丶 亠 二 言 言 言 言
	言 言
業 업 업 부수 木 | 총 13획	丶 丷 丷 ⺀ 半 業 業 業 業 業 業 業 業
	業 業
然 그럴 연 부수 火(灬) | 총 12획	ノ 勹 夕 夕 タ 夕 外 妖 然 然 然 然
	然 然
永 길 영 부수 水 | 총 5획	丶 氵 永 永 永
	永 永
英 꽃부리 영 부수 艸(艹) | 총 9획	一 十 ⺾ ⺾ 芍 芍 苎 英 英
	英 英
午 낮 오 부수 十 | 총 4획	ノ ⺊ 二 午
	午 午

五 다섯 오 부수 二 | 총 4획	一 丁 五 五
溫 따뜻할 온 부수 水(氵) | 총 13획	丶 氵 氵 氵 沪 沪 沪 泗 泗 渭 渭 溫 溫
王 임금 왕 부수 玉(王) | 총 4획	一 二 干 王
外 바깥 외 부수 夕 | 총 5획	丿 ク タ 外 外
要 요긴할 요 부수 襾 | 총 9획	一 丆 帀 襾 襾 西 覀 要 要
勇 날랠 용 부수 力 | 총 9획	龴 マ マ ア 甬 甬 甬 勇 勇
用 쓸 용 부수 用 | 총 5획	丿 门 月 月 用
友 벗 우 부수 又 | 총 4획	一 ナ 方 友
雨 비 우 부수 雨 | 총 8획	一 厂 厅 币 币 雨 雨 雨
右 오를/오른(쪽) 우 부수 口 | 총 5획	丿 ナ 才 右 右

雲 구름 운 부수 雨 | 총 12획	一 二 厂 币 币 雨 雪 雷 雲 雲 雲 雲
	雲 雲
運 옮길 운 부수 辵(辶) | 총 13획	一 二 冖 冖 戸 宕 宕 宣 軍 軍 渾 渾 運
	運 運
園 동산 원 부수 囗 | 총 13획	丨 冂 冂 冃 冃 冃 冑 周 周 園 園 園 園
	園 園
遠 멀 원 부수 辵(辶) | 총 14획	一 十 土 吉 吉 吉 声 青 袁 袁 遠 遠 遠 遠
	遠 遠
元 으뜸 원 부수 儿 | 총 4획	一 二 テ 元
	元 元
月 달 월 부수 月 | 총 4획	丿 刀 月 月
	月 月
偉 클 위 부수 人(亻) | 총 11획	丿 亻 亻 亻 伊 伊 倖 倖 偉 偉 偉
	偉 偉
油 기름 유 부수 水(氵) | 총 8획	丶 丶 氵 汀 汩 汩 油 油
	油 油
由 말미암을 유 부수 田 | 총 5획	丨 冂 冃 由 由
	由 由
有 있을 유 부수 月 | 총 6획	丿 ナ 才 冇 有 有
	有 有

育 기를 육 부수 肉(月) | 총 8획	、 二 云 云 亠 育 育 育 育 育
銀 은 은 부수 金 | 총 14획	ノ ノ 戶 戶 牟 会 金 金 釘 釘 釘 鈊 鈊 銀 銀 銀
飮 마실 음 부수 食(飠) | 총 13획	ノ ノ 尸 今 今 食 食 食 食 飮 飮 飮 飮 飮
音 소리 음 부수 音 | 총 9획	、 一 亠 立 立 产 音 音 音 音 音
邑 고을 읍 부수 邑 | 총 7획	、 口 口 邑 邑 邑 邑 邑 邑
意 뜻 의 부수 心 | 총 13획	、 一 亠 立 立 产 音 音 音 音 意 意 意 意 意
衣 옷 의 부수 衣 | 총 6획	、 一 亠 亣 衣 衣 衣 衣
醫 의원 의 부수 酉 | 총 18획	一 一 匚 三 至 至 医 医 医 殴 殷 殹 殹 殹 殹 殹 醫 醫 醫 醫
二 두 이 부수 二 | 총 2획	一 二 二 二
以 써 이 부수 人 | 총 5획	ノ ㇗ ㇄ 以 以 以 以

人 사람 인 부수 人 | 총 2획	ノ 人
任 맡길 임 부수 人(亻) | 총 6획	ノ イ 仁 仟 任 任
一 한 일 부수 一 | 총 1획	一
日 날 일 부수 日 | 총 4획	丨 冂 冃 日
入 들 입 부수 入 | 총 2획	ノ 入
字 글자 자 부수 子 | 총 6획	丶 宀 宀 宁 字 字
者 사람 자 부수 老(耂) | 총 9획	一 十 土 耂 耂 者 者 者
自 스스로 자 부수 自 | 총 6획	ノ 亻 丿 自 自
子 아들 자 부수 子 | 총 3획	乛 了 子
昨 어제 작 부수 日 | 총 9획	丨 冂 冃 日 旷 昨 昨 昨

作 지을 작 부수 人(亻) | 총 7획	ノ 亻 亻 亻 作 作 作	作 作
章 글 장 부수 立 | 총 11획	丶 亠 亠 立 产 产 音 音 音 章 章	章 章
長 긴 장 부수 長 | 총 8획	丨 匚 厂 F 長 長 長 長	長 長
場 마당 장 부수 土 | 총 12획	一 十 土 圠 圫 圫 圫 坦 垾 場 場 場	場 場
在 있을 재 부수 土 | 총 6획	一 ナ 才 右 在 在	在 在
材 재목 재 부수 木 | 총 7획	一 十 才 木 术 村 材	材 材
財 재물 재 부수 貝 | 총 10획	丨 冂 冃 月 目 貝 貝 財 財 財	財 財
才 재주 재 부수 手(扌) | 총 3획	一 十 才	才 才
的 과녁 적 부수 白 | 총 8획	丿 亻 冇 白 白 的 的 的	的 的
電 번개 전 부수 雨 | 총 13획	一 冂 冃 币 币 雨 雨 雪 雪 雪 雷 雷 電	電 電

典	법 전 부수 八 | 총 8획	丶 冂 冂 冉 曲 曲 典 典
		典 典
戰	싸움 전 부수 戈 | 총 16획	丶 ᅲ 吅 吅 吅 罒 罒 咢 咢 罾 單 單 戰 戰 戰
		戰 戰
前	앞 전 부수 刀(刂) | 총 9획	丶 丷 丷 广 芐 芐 肖 前 前
		前 前
全	온전 전 부수 入 | 총 6획	丿 入 仝 仝 全 全
		全 全
傳	전할 전 부수 人(亻) | 총 13획	丿 亻 亻 亻 伫 伝 佰 佪 俥 偅 僡 傳 傳
		傳 傳
展	펼 전 부수 尸 | 총 10획	乛 コ 尸 尸 尸 戸 屈 屈 展 展
		展 展
切	끊을 절| 온통 체 부수 刀 | 총 4획	一 七 切 切
		切 切
節	마디 절 부수 竹(⺮) | 총 15획	丿 亻 ⺮ 竻 筲 筲 筲 筲 筲 節 節 節 節
		節 節
店	가게 점 부수 广 | 총 8획	丶 宀 广 广 庁 庄 店 店
		店 店
情	뜻 정 부수 心(忄) | 총 11획	丶 丶 忄 忄 忖 忄 悜 情 情 情 情
		情 情

庭 뜰 정 부수 广 | 총 10획	丶 亠 广 广 广 庄 庄 庭 庭 庭 庭
正 바를 정 부수 止 | 총 5획	一 T F 正 正
定 정할 정 부수 宀 | 총 8획	丶 宀 宀 宀 宁 宇 定 定
弟 아우 제 부수 弓 | 총 7획	丶 丷 兰 兰 肖 弟 弟
題 제목 제 부수 頁 | 총 18획	丶 口 日 日 旦 早 早 昇 是 是 是 題 題 題 題 題 題
第 차례 제 부수 竹(⺮) | 총 11획	丿 ⺮ ⺮ 竺 竺 笁 笁 笁 笁 第 第
調 고를 조 부수 言 | 총 15획	丶 亠 亠 言 言 言 訂 訂 訳 調 調 調 調
朝 아침 조 부수 月 | 총 12획	一 十 古 古 古 克 卓 剌 朝 朝 朝
祖 할아버지 조 부수 示 | 총 10획	一 二 千 示 示 利 利 和 祖 祖
族 겨레 족 부수 方 | 총 11획	丶 亠 方 方 方 㫃 㫃 㫃 族 族 族

한자	훈음	부수 / 총획	필순
足	발 족	부수 足 | 총 7획	丶 ㄇ 口 ⺊ 早 𧾷 足
卒	마칠 졸	부수 十 | 총 8획	丶 亠 广 𠫔 𠫔 𠫔 卒 卒
種	씨 종	부수 禾 | 총 14획	⺊ 二 千 禾 禾 禾 禾 秆 秳 秳 稙 稙 種 種
左	왼 좌	부수 工 | 총 5획	一 ナ 𠂇 左 左
州	고을 주	부수 巛 | 총 6획	丶 丿 ⺌ 州 州 州
週	주일 주	부수 辵(辶) | 총 12획	丿 冂 月 用 用 周 周 周 凋 凋 调 週
晝	낮 주	부수 日 | 총 11획	ㄱ 𠃍 ⺕ 彐 聿 聿 聿 書 書 書 晝
注	부을 주	부수 水(氵) | 총 8획	丶 丶 氵 氵 汁 汼 注 注
主	임금/주인 주	부수 丶 | 총 5획	丶 亠 亠 丰 主
住	살 주	부수 人(亻) | 총 7획	丿 亻 亻 亻 住 住 住

中	가운데 중	丶 冂 口 中								
부수 丨 | 총 4획		中	中							

重	무거울 중	一 二 千 千 盲 盲 重 重						
부수 里 | 총 9획		重	重					

知	알 지	丿 丿 仁 二 矢 知 知 知						
부수 矢 | 총 8획		知	知					

地	땅 지	一 十 土 圵 地 地				
부수 土 | 총 6획		地	地			

紙	종이 지	乄 乆 幺 糸 糸 糸 糽 紅 紙 紙						
부수 糸 | 총 10획		紙	紙					

直	곧을 직	一 十 十 卢 卢 峊 直 直					
부수 目 | 총 8획		直	直				

質	바탕 질	一 厂 厂 斤 斤 斦 斦 所 所 所 啠 峹 暫 質 質
부수 貝 | 총 15획		質	質

集	모을 집	丿 亻 亻 仁 亻 隹 隹 隹 隼 集 集		
부수 隹 | 총 12획		集	集	

着	붙을 착	丶 丷 丷 쓰 羊 羊 羊 并 着 着		
부수 目 | 총 12획		着	着	

參	참여할 참	丶 丿 仁 厶 厽 厽 叕 厽 柔 參 參		
부수 厶 | 총 11획		參	參	

窓	창 창 부수 穴 | 총 11획	、 ハ ハ ウ 空 空 空 空 空 窓 窓
		窓 窓
責	꾸짖을 책 부수 貝 | 총 11획	一 二 キ 主 寺 青 青 青 青 責 責
		責 責
川	내 천 부수 巛 | 총 3획	﹨ 川 川
		川 川
千	일천 천 부수 十 | 총 3획	﹨ 二 千
		千 千
天	하늘 천 부수 大 | 총 4획	一 二 チ 天
		天 天
清	맑을 청 부수 水(氵) | 총 11획	、 ﹨ 氵 氵 氵 沣 淸 淸 淸 淸 淸
		淸 淸
靑	푸를 청 부수 靑 | 총 8획	一 二 キ 主 寺 青 青 青
		青 青
體	몸 체 부수 骨 | 총 23획	骨 骨 骨 骨 骨 骨 體 體 體 體 體 體 體 體
		體 體
草	풀 초 부수 艸(草) | 총 10획	一 十 卄 艹 节 节 苩 苩 草 草
		草 草
寸	마디 촌 부수 寸 | 총 3획	一 十 寸
		寸 寸

村 마을 촌 부수 木 | 총 7획	一 十 オ 木 木 村 村 村 村
秋 가을 추 부수 禾 | 총 9획	ノ 二 千 禾 禾 禾 禾 秒 秋 秋 秋
春 봄 춘 부수 日 | 총 9획	一 二 三 声 夫 夫 春 春 春 春 春
出 날 출 부수 凵 | 총 5획	丨 屮 屮 出 出 出 出
充 채울 충 부수 儿 | 총 6획	、 二 亠 云 产 充 充 充
親 친할 친 부수 見 | 총 16획	、 一 二 立 立 立 辛 亲 亲 亲 親 親 親 親 親 親 親 親
七 일곱 칠 부수 一 | 총 2획	一 七 七 七
太 클 태 부수 大 | 총 4획	一 ナ 大 太 太 太
宅 집 택 부수 宀 | 총 6획	、 丶 宀 宀 宅 宅 宅 宅
土 흙 토 부수 土 | 총 3획	一 十 土 土 土

通 통할 통 부수 辵(辶) | 총 11획	⁊ ⁊ ⁊ ⁊ ⁊ 月 月 甬 甬 涌 涌 通	通 通						
特 특별할 특 부수 牛 | 총 10획	ノ ト 牛 牛 牛 牛 牜 牜 特 特	特 特						
八 여덟 팔 부수 八 | 총 2획	ノ 八	八 八						
便 편할 편 | 똥오줌 변 부수 人(亻) | 총 9획	ノ イ 亻 仁 仃 仲 佰 便 便	便 便						
平 평평할 평 부수 干 | 총 5획	一 ⁊ ヮ 亐 平	平 平						
表 겉 표 부수 衣 | 총 8획	一 ニ 三 キ 主 丰 表 表 表	表 表						
品 물건 품 부수 口 | 총 9획	ヽ ㅁ ㅁ ㅁ 品 品 品 品 品	品 品						
風 바람 풍 부수 風 | 총 9획	ノ 几 凡 凡 凨 風 風 風 風	風 風						
必 반드시 필 부수 心 | 총 5획	丶 ⁊ 必 必 必	必 必						
筆 붓 필 부수 竹(⺮) | 총 12획	ノ ⁊ ⁊ ⁊ ⁊ ⁊ ⁊ 笃 筜 筆 筆 筆	筆 筆						

下 아래 하 부수 一 | 총 3획	一 丁 下
夏 여름 하 부수 夊 | 총 10획	一 一 一 一 一 一 百 百 百 戸 頁 夏 夏
學 배울 학 부수 子 | 총 16획	` ` ` ` ` 臼 臼 臼 臼 臼 臼 臼 學 學 學
韓 한국/나라 한 부수 韋 | 총 17획	一 十 十 古 古 古 直 卓 草 草 草 韓 韓 韓 韓 韓 韓
漢 한수/ 한나라 한 부수 水(氵) | 총 14획	` ` 氵 氵 氵 汁 汁 洪 洪 洪 湛 漢 漢 漢
合 합할 합 부수 口 | 총 6획	丿 人 스 合 合 合
海 바다 해 부수 水(氵) | 총 10획	` ` 氵 氵 汇 汇 海 海 海 海
害 해할 해 부수 宀 | 총 10획	` ` 宀 宀 宀 宁 宇 害 害 害
行 다닐 행| 항렬 항 부수 行 | 총 6획	丿 丿 彳 彳 行 行
幸 다행 행 부수 干 | 총 8획	一 十 土 土 卉 卉 查 查 幸

向 향할 향 부수 口 | 총 6획	ノ ノ 竹 向 向 向
現 나타날 현 부수 玉(王) | 총 11획	一 二 三 丰 王 扪 珇 玥 玥 珇 現
形 모양 형 부수 彡 | 총 7획	一 二 干 开 刑 形 形
兄 형 형 부수 儿 | 총 5획	ノ 口 口 尸 兄
號 이름 호 부수 虍 | 총 13획	ノ 口 口 므 号 号 号 号 号 號 號 號
畫 그림 화| 그을 획 부수 田 | 총 12획	ᄀ ᄏ ᄏ ᆿ 聿 聿 書 書 書 書 書 畫
花 꽃 화 부수 艸(艹) | 총 8획	一 十 土 艹 花 花 花 花
化 될 화 부수 匕 | 총 4획	ノ イ 化 化
話 말씀 화 부수 言 | 총 13획	、 二 二 言 言 言 言 訏 訏 訏 話 話
火 불 화 부수 火 | 총 4획	丶 丷 少 火

和 화할 화 부수 口 | 총 8획	丿 二 千 千 禾 禾 和 和
活 살 활 부수 水(氵) | 총 9획	丶 丶 氵 氵 汗 汗 汗 活 活
黃 누를 황 부수 黃 | 총 12획	一 十 卄 卄 芇 芇 莆 莆 黃 黃 黃 黃
會 모일 회 부수 曰 | 총 13획	丿 人 人 △ 今 侖 侖 侖 侖 會 會 會 會
效 본받을 효 부수 攵(攴) | 총 10획	丶 一 亠 六 方 交 攵 效 效 效
孝 효도 효 부수 子 | 총 7획	一 十 土 耂 耂 孝 孝
後 뒤 후 부수 彳 | 총 9획	丿 彳 彳 彳 彳 祭 祭 後 後
訓 가르칠 훈 부수 言 | 총 10획	丶 二 二 言 言 言 訂 訓 訓
休 쉴 휴 부수 人(亻) | 총 6획	丿 亻 亻 仆 休 休
凶 흉할 흉 부수 凵 | 총 4획	丿 乂 凶 凶

5級 II

*** 5級과 5級 II 는 서로 다른 급수입니다. 반드시 지원 급수를 다시 확인하세요.***

| 100문항 | 50분 시험 | 시험일자 : 20○○. ○○. ○○ |

* 성명과 수험번호를 쓰고 문제지와 답안지는 함께 제출하세요.

성명 _____ 수험번호 ☐☐☐☐-☐☐-☐☐☐☐

[問 1~35] 다음 밑줄 친 漢字語의 讀音을 쓰세요.

[1] 우리 지역의 傳說을 조사하고 있다.

[2] 반장으로서의 責任을 다하려 노력하였다.

[3] 우리 아버지는 마을의 邑長이시다.

[4] 지금은 廣野를 헤매는 듯해도 고난은 반드시 끝날 것이다.

[5] 원하는 목표를 이루기 이해 強度 높은 훈련을 받았다.

[6] 나와 항상 도서관에 같이 다니는 親舊는 재미있다.

[7] 이 산업은 展望이 아주 밝다.

[8] 전원 住宅으로 이사할 계획을 세웠다.

[9] 의원 내각제를 시행하는 나라에는 首相이 있다.

[10] 경기에 임하는 선수들의 士氣가 높다.

[11] 歲月을 알차게 보내려는 사람들은 하루를 일찍 시작한다.

[12] 물놀이를 하기 전 注意 사항을 설명했다.

[13] 개인이 所有한 계정들의 보안 사항을 점검하였다.

[14] 線路에는 전기가 통하므로 사람이 통행하지 않아야 한다.

[15] 차에서는 반드시 안전띠를 着用해야 한다.

[16] 過勞하지 않도록 휴식 시간을 지키는 것이 좋다.

[17] 偉人들의 삶은 우리에게 감동을 준다.

[18] 어떤 물건을 사야 할지 品目을 살펴보았다.

[19] 세계 旅行을 떠나는 것이 내 오랜 꿈이다.

[20] 모든 일을 自己 고집대로 해서는 안된다.

[21] 奉仕를 통해 다른 이에게 사랑을 전하였다.

[22] 財物은 영원할 수 없다.

[23] 그는 매번 關心을 기울이는 대상이 변하고 있다.

[24] 오늘은 집에 일찍 들어가기로 約束하였다.

[25] 떠나는 친구의 幸福을 빌어 주었다.

[26] 바람이 불면 體感 온도가 더욱더 떨어지게 된다.

[27] 나만의 獨特한 장점을 지켜 가도록 노력할 것이다.

[28] 단체 경기에서는 團合이 중요하다.

〈계속〉

[29] 책을 읽으면 자연스럽게 <u>教養</u>을 쌓을 수 있다.

[30] 지구를 위해 <u>節電</u>하는 습관을 길러야 한다.

[31] 추석은 한국을 대표하는 <u>名節</u>이다.

[32] 실력을 쌓기 위해서는 <u>基本</u>이 중요하다.

[33] 나는 <u>放課</u> 후에 피아노를 배운다.

[34] 봄에는 다양한 <u>種類</u>의 꽃들이 피어나 마음을 즐겁게 한다.

[35] 외국의 <u>商店</u>에서 사고 싶은 옷을 보았다.

[問 36~58] 다음 漢字의 訓과 音을 쓰세요.

[36] 見   [37] 必   [38] 惡

[39] 卒   [40] 材   [41] 參

[42] 識   [43] 奉   [44] 格

[45] 客   [46] 雨   [47] 告

[48] 州   [49] 仕   [50] 課

[51] 産   [52] 展   [53] 的

[54] 當   [55] 節   [56] 害

[57] 養   [58] 凶

[問 59~63] 다음 訓과 音을 가진 漢字를 쓰세요.

[59] 공 공

[60] 약할 약

[61] 재주 재

[62] 사라질 소

[63] 다스릴 리

[問 64~66] 다음 漢字의 약자(略字: 획수를 줄인 漢字)를 쓰세요.

[64] 團

[65] 卒

[66] 參

[問 67~69] 다음 밑줄 친 漢字와 뜻이 반대(또는 상대)되는 漢字를 〈보기〉에서 찾아 그 번호를 쓰세요.

┌─────────〈보기〉─────────┐
│ ① 少   ② 死   ③ 弱 │
│ ④ 長   ⑤ 夕   ⑥ 右 │
└────────────────────────┘

[67] 그는 매일같이 부모님께 朝( )으로 문안 인사를 드렸다.

[68] 발목을 다쳐서 걷는 데 <u>多</u>( ) 불편함이 있다.

[69] 악기를 연주할 때는 <u>强</u>( ) 조절이 필요하다.

〈계속〉

자르는 선

[問 70~72] 다음 漢字와 뜻이 같거나 비슷한 漢字를 〈보기〉에서 찾아 그 번호를 쓰세요.

─〈보기〉─
① 訓   ② 生   ③ 然   ④ 交
⑤ 道   ⑥ 年   ⑦ 度   ⑧ 節

[70] 옛 이야기에는 敎(   )이 담겨 있다.

[71] 새벽이 되니 (   )路가 한산해졌다.

[72] 할아버지의 (   )歲는 올해 99세이시다.

[問 73~75] 다음 제시한 漢字語와 뜻에 맞는 同音語를 〈보기〉에서 찾아 그 번호를 쓰세요.

─〈보기〉─
① 來歷   ② 始球   ③ 偉大
④ 決死   ⑤ 勞苦   ⑥ 童話

[73] 同化 – (   ): 어린이를 위한 이야기.

[74] 市區 – (   ): 경기에서 처음 공을 던지는 일.

[75] 結社 – (   ): 죽기를 각오하고 결심함.

[問 76~78] 다음 뜻에 맞는 漢字語를 〈보기〉에서 찾아 그 번호를 쓰세요.

─〈보기〉─
① 開店   ② 傳來   ③ 陽地
④ 商店   ⑤ 庭園   ⑥ 先例

[76] 새로 가게를 내어 처음으로 영업을 시작함.

[77] 이전부터 있었던 사례.

[78] 볕이 바로 드는 곳.

[問 79~82] 다음 뜻을 가진 성어가 되도록 (   ) 안에 들어갈 적절한 漢字語를 〈보기〉에서 찾아 그 번호를 쓰세요.

─〈보기〉─
① 土   ② 告   ③ 知   ④ 子
⑤ 高   ⑥ 水   ⑦ 自   ⑧ 紙

[79] 身(   )不二: 자기가 사는 땅에서 자란 농산물이 체질에 잘 맞음을 이르는 말.

[80] (   )手成家: 자기 혼자 힘으로 재산을 많이 모음.

[81] 以實直(   ): 사실 그대로 고함.

[82] 生面不(   ): 태어나서 만나 본 적이 없는 전혀 모르는 사람.

〈계속〉

자르는 선

[問 83~97] 다음 문장의 밑줄 친 漢字語를
漢字로 쓰세요.

[83] 사람들은 노후 생활을 위한 준비를 한다.

[84] 이면지를 활용할 수 있는 방법을 고민
하였다.

[85] 옛 선비들은 명분을 중시하였다.

[86] 식목 행사를 위해서 나무를 심을 곳을
둘러보았다.

[87] 농업은 나라에서 매우 중요한 산업이다.

[88] 친구의 할아버지께 춘추를 여쭈어보
았다.

[89] 고국의 아름다운 산천을 다시 보고 싶다.

[90] 내 친구를 만난 것은 나에게 큰 행운이다.

[91] 용기를 내어서 높은 곳에 올랐다.

[92] 내 방은 나에게 소중한 공간이다.

[93] 가족들을 위해 음식을 장만했다.

[94] 외계인이 출현한다는 소문을 듣고 사람
들이 공원에 모였다.

[95] 주말에 학교 운동장에서 축구를 하기로
하였다.

[96] 우리 형제는 얼굴이 닮았다.

[97] 사려고 모아둔 물건들의 값을 모두 더
해 계산해 보았다.

[問 98~100] 다음 漢字의 짙게 표시한 획
은 몇 번째 쓰는 획인지 〈보기〉에서 찾아
그 번호를 쓰세요.

─〈보기〉─
① 첫 번째   ② 두 번째
③ 세 번째   ④ 네 번째
⑤ 다섯 번째   ⑥ 여섯 번째
⑦ 일곱 번째   ⑧ 여덟 번째
⑨ 아홉 번째   ⑩ 열 번째
⑪ 열한 번째   ⑫ 열두 번째
⑬ 열세 번째

[98]

(   )

[99]

(   )

[100]

(   )

♣ 수고하셨습니다.

수험번호	□□□-□□-□□□□	성명 □□□□□
생년월일	□□□□□□	

※ 유성 사인펜, 붉은색 필기구 사용 불가.
※ 답안지는 컴퓨터로 처리되므로 구기거나 더럽히지 마시고, 정답 칸 안에만 쓰십시오. 글씨가 채점란으로 들어오면 오답 처리가 됩니다.

한자능력검정시험 5급Ⅱ 모의평가 답안지(1)

번호	정답	1검	2검	번호	정답	1검	2검	번호	정답	1검	2검
1				15				29			
2				16				30			
3				17				31			
4				18				32			
5				19				33			
6				20				34			
7				21				35			
8				22				36			
9				23				37			
10				24				38			
11				25				39			
12				26				40			
13				27				41			
14				28				42			

감독위원	채점위원(1)		채점위원(2)		채점위원(3)	
(서명)	(득점)	(서명)	(득점)	(서명)	(득점)	(서명)

※ 뒷면으로 이어짐.

※ 본 답안지는 컴퓨터로 처리되므로 구겨지거나 더럽혀지지 않도록 조심하시고 글씨를 칸 안에 또박또박 쓰십시오.

한자능력검정시험 5급Ⅱ 모의평가 답안지(2)

번호	정답	1검	2검	번호	정답	1검	2검	번호	정답	1검	2검
43				63				83			
44				64				84			
45				65				85			
46				66				86			
47				67				87			
48				68				88			
49				69				89			
50				70				90			
51				71				91			
52				72				92			
53				73				93			
54				74				94			
55				75				95			
56				76				96			
57				77				97			
58				78				98			
59				79				99			
60				80				100			
61				81							
62				82							

자르는 선

[한자능력검정시험 5급Ⅱ 모의평가 정답]

한자능력검정시험 5급Ⅱ 모의평가 답안지(1)

번호	정답	1검	2검	번호	정답	1검	2검	번호	정답	1검	2검
1	전설			15	착용			29	교양		
2	책임			16	과로			30	절전		
3	읍장			17	위인			31	명절		
4	광야			18	품목			32	기본		
5	강도			19	여행			33	방과		
6	친구			20	자기			34	종류		
7	전망			21	봉사			35	상점		
8	주택			22	재물			36	볼 견 | 뵈올 현		
9	수상			23	관심			37	반드시 필		
10	사기			24	약속			38	악할 악 | 미워할 오		
11	세월			25	행복			39	마칠 졸		
12	주의			26	체감			40	재목 재		
13	소유			27	독특			41	참여할 참		
14	선로			28	단합			42	알 식		

※ 뒷면으로 이어짐.

자르는 선 ▶

한자능력검정시험 5급Ⅱ 모의평가 답안지(2)

번호	정답	1검	2검	번호	정답	1검	2검	번호	정답	1검	2검
	답안란	채점란			답안란	채점란			답안란	채점란	
43	받들 봉			63	理			83	老後		
44	격식 격			64	団			84	活用		
45	손 객			65	추			85	名分		
46	비 우			66	參			86	植木		
47	고할 고			67	⑤			87	農業		
48	고을 주			68	①			88	春秋		
49	섬길 사			69	③			89	山川		
50	공부할/과정 과			70	①			90	幸運		
51	낳을 산			71	⑤			91	勇氣		
52	펼 전			72	⑥			92	空間		
53	과녁 적			73	⑥			93	飮食		
54	마땅 당			74	②			94	出現		
55	마디 절			75	④			95	學校		
56	해할 해			76	①			96	兄弟		
57	기를 양			77	⑥			97	計算		
58	흉할 흉			78	③			98	⑩		
59	功			79	①			99	⑦		
60	弱			80	⑦			100	⑤		
61	才			81	②						
62	消			82	③						

문제 읽을 준비는
저절로 되지 않습니다.

문해력을 키우는 시간

하루 10분

정답은
이안에
있어！